互联网新兴业态规制研究

戴建军　田杰棠　著

图书在版编目（CIP）数据

互联网新兴业态规制研究/戴建军，田杰棠著 .—北京：中国发展出版社，2017. 10

（国务院发展研究中心研究丛书 . 2017 / 李伟主编）

ISBN 978 -7 -5177 -0791 -2

Ⅰ. ①互…　Ⅱ. ①戴…　②田…　Ⅲ. ①互联网络—应用—新兴产业—产业发展—研究—中国　Ⅳ. ①F279. 244. 4 -39

中国版本图书馆 CIP 数据核字（2017）第 261939 号

书　　　名：互联网新兴业态规制研究
著作责任者：戴建军　田杰棠
出 版 发 行：中国发展出版社
（北京市西城区百万庄大街 16 号 8 层　100037）
标 准 书 号：ISBN 978 -7 -5177 -0791 -2
经　销　者：各地新华书店
印　刷　者：北京市密东印刷有限公司
开　　　本：710mm × 1000mm　1/16
印　　　张：9. 5
字　　　数：114 千字
版　　　次：2017 年 12 月第 1 版
印　　　次：2017 年 12 月第 1 次印刷
定　　　价：33. 00 元

联 系 电 话：（010）68990642　68990692
购 书 热 线：（010）68990682　68990686
网 络 订 购：http：//zgfzcbs. tmall. com
网 购 电 话：（010）68990639　88333349
本 社 网 址：http：//www. develpress. com. cn
电 子 邮 件：fazhanreader@ 163. com

DRC

2017

国务院发展研究中心研究丛书

编 委 会

“互联网新兴业态规制研究”课题组

负责人

戴建军　田杰棠

课题组成员

张亚峰　冯　楠　马曼莉　孙　茜

总 序

全面贯彻落实党的十九大精神，开创新时代政策咨询研究工作新局面

李伟

2017年10月，举世瞩目的中国共产党第十九次全国代表大会胜利召开。这是在全面建成小康社会决胜阶段、中国特色社会主义进入新时代的关键时期召开的一次十分重要的大会。党的十九大，作出了中国特色社会主义进入新时代、我国社会主要矛盾已转化为人民日益增长的美好生活需要和不平衡不充分的发展之间的矛盾等重大政治论断，确立了习近平新时代中国特色社会主义思想为党必须长期坚持的指导思想，提出了新时代中国特色社会主义的基本方略，确定了决胜全面建成小康社会、开启全面建设社会主义现代化国家新征途的目标。

党的十八大以来的五年，以习近平同志为核心的党中央以巨大的政治勇气和强烈的责任担当，提出一系列新理念新思想新战略，出台了一系列重大方针政策，推出一系列重大举措，推进一系列重大工作，推动党和国家事业发生历史性变革。如在宏观经济政策领域，面对近些年我国经济在增速、结构、动力等方面发生的深刻变化，五年来，以习近平同志为核心的党中央准确把握全球经济发展

大势和中国经济发展变化，不断创新宏观调控方式，形成了作出经济进入新常态重大判断、以新发展理念为指导、以供给侧结构性改革为主线、以稳中求进为工作方法论的宏观经济政策框架。具体而言，这个政策框架有以下几个鲜明特点：

其一，作出了新常态这一重大判断。从速度层面看，经济增长速度从高速增长转为中高速增长，经济发展的质量和内涵发生质的变化；从结构层面看，经济结构发生全面深刻变化，不断优化升级；从动力层面看，经济发展从要素驱动、投资驱动转向创新驱动。认识、把握、引领新常态是当前和今后一个时期做好经济工作的大逻辑。

其二，确立了新发展理念这一指导思想。创新、协调、绿色、开放、共享五大发展理念为经济社会发展提供了战略指引，是关系我国发展全局的一场深刻变革，攸关"十三五"乃至更长时期我国发展思路、发展方式和发展着力点。

其三，明确了推进供给侧结构性改革这一工作主线。供给侧结构性改革的最终目的是满足需求，主攻方向是提高供给质量，根本途径是深化改革，这是解决我国发展面临的突出问题与挑战的必由之路。

其四，确定了稳中求进这一工作方法论。坚持稳中求进工作总基调，并将之上升为治国理政的重要原则和经济工作的方法论，这是对经济工作思想方法作出的重大调整。强调要保持战略定力，在实践中转变急于求成的思想观念和操之过急的工作方法，推动经济转向平稳健康持续发展的轨道。

从五年来的实践成效看，在这一政策框架指导下，我国经济在经历多年调整后，趋势性下行的空间明显收窄，正在逐步迈入中高速增长阶段。特别是自2016年下半年开始，我国经济运行出现了一些积极变化，企稳基础有所增强，国际环境的有利因素也在增多，我国经济转型有望从“降速”阶段转向“提质”阶段。2017年前三季度基本延续了这一态势，经济增速达到6.9%，总体保持平稳，结构不断优化，经济发展的稳定性、协调性和可持续性增强，稳中有进、稳中向好的态势持续发展。

党的十九大对新时代推进中国特色社会主义伟大事业作出了全面部署，对开启全面建设社会主义现代化国家新征程作出战略安排，明确提出全面建成小康社会、实现第一个百年奋斗目标，又要乘势而上开启全面建设社会主义现代化国家新征程，向第二个百年奋斗目标进军。从2020年到本世纪中叶，分两个阶段安排：第一个阶段，从2020年到2035年，在全面建成小康社会的基础上，再奋斗十五年，基本实现社会主义现代化；第二个阶段，从2035年到本世纪中叶，在基本实现现代化的基础上，再奋斗十五年，把我国建成富强民主文明和谐美丽的社会主义现代化强国。这一系列战略部署为包括国务院发展研究中心在内的各类智库发挥作用提供了前所未有的广阔空间，如：社会主要矛盾所指的发展不平衡不充分的具体表现在哪些方面？本世纪中叶建成社会主义现代化强国的具体内涵和指标有哪些？现代化经济体系科学内涵是什么？如何实施乡村振兴战略？全面建设社会主义现代化国家新征程中将面临哪些风险和挑战？等等。这些重大问题，都需要智库加强前瞻性研究，提供切实可行、管用的决策咨询建议。

党的十九大指出，深化马克思主义理论研究和建设，加快构建中国特色社会科学，加强中国特色新型智库建设。智库建设的内容首次写进党的代表大会报告，令人振奋。这既为国务院发展研究中心建设国际一流高端智库提供了重大机遇，也为我们履行政策研究、政策评估、政策解读和国际交流合作“四位一体”的职能提出了更高要求。国务院发展研究中心将全面贯彻落实党的十九大精神，贯彻习近平总书记2013年4月15日关于智库建设的重要批示和中央关于智库建设的总体部署，加快落实国务院已批复的《国务院发展研究中心国家高端智库建设试点方案》，全面实施质量提升、人才优化、国际交流合作、成果传播、支撑保障和党的建设等六大工程，建立健全党的建设、人才使用与激励、研究质量保障和成果创新、经费使用和管理、成果转化和传播、研究支撑、国际交流合作、统筹利用社会资源等八个方面的体制机制，加快建设国际一流高端智库，力争到2020年进入高质量服务中央决策的政策支持力强、社会影响力大、国内领先、国际一流高端智库前列。

国务院发展研究中心将把深入学习宣传和全面贯彻落实党的十九大精神作为当前和今后一段时期的首要政治任务。作为服务党中央、国务院的政策咨询研究机构，我们将牢牢把握为中央决策服务的根本方向，以习近平新时代中国特色社会主义思想为指导，坚持马克思主义立场观点方法，坚持以人民为中心的发展思想，紧紧围绕十九大作出的“贯彻新发展理念，建设现代化经济体系”“加快建设创新型国家”“实施乡村振兴战略”“实施区域协调发展战略”“加快完善社会主义市场经济体制”“提高保障和改善民生水平，加强和创新社会治理”“加快生态文明体制改革，建设美丽中国”等一系列重大决策部署，坚持问题导向，精心选题，主动加强新时代中国特色社会主义有关经济建设、社会建设、生态文明建设的全局性、战略性、前瞻性、长期性以及热点、难点问题研究，大兴调查研究之风，不断形成一大批具有较高政策价值和较大社会影响力的研究成果，为中央科学决策提供有力的智力支持，努力开创新时代政策咨询研究的新局面。

“国务院发展研究中心研究丛书”是我们每年主要研究成果的集中呈现，自2010年面世至今，已经连续出版八年。今年这套丛书成书共包括15部著作，其中：《迈向高质量发展：战略与对策》《构建“一带一路”设施联通大网络》《打好风险攻坚战：思路与对策》等3部著作是国务院发展研究中心的重大研究课题报告；《协同：促进区域经济增长的新路径》《构建竞争力导向的农业政策体系》等9部著作，是各研究部（所）的重点研究课题报告；另3部著作是青年研究人员的优秀招标研究课题报告。

最后，对于多年来中央和地方各级领导同志给予我们的肯定和鼓励，以及社会各界读者的认可和厚爱，我们深怀感恩，并表示由衷的谢意。同时，我们也深知不足，诚恳希望各级领导、专家、学者和广大读者继续给予关心、支持和帮助，对这套丛书以及我们的工作多加批评指正，促使我们以更加振奋的精神和昂扬的姿态为推进国家治理体系和治理能力现代化、决胜全面建成小康社会、夺取新时代中国特色社会主义伟大胜利、实现中华民族伟大复兴的中国梦而不懈奋斗。

2017年11月

（作者为国务院发展研究中心主任、研究员）

内容摘要

互联网新兴业态的迅速发展为我国经济增长提供了新动能。互联网新兴业态通过更高效的信息匹配机制、竞争效应、更灵活的人力资源投入等方式，提高了产能利用效率，提升了行业服务质量和水平，缓解了社会峰谷波动需求，促进了社会总体福利增加。同时，互联网新兴业态发展过程中也存在一些市场失灵的情形，而传统规制方式难以适应，亟须完善、创新现有规制方式，促进其又好又快发展。

互联网新兴业态规制面临一系列挑战，主要包括：互联网新兴业态发展引发各方利益冲突大，规制中难以综合平衡各方利益；新业态发展速度快，法律法规修订需要一定周期导致规制出现模糊、真空地带而产生不适；互联网新兴业态发展对规制能力提出了更高的要求，规制能力不足易导致规制不到位；互联网新兴业态发展中潜藏的风险大，规制部门面临承担规制不力责任压力容易采取过严规制措施；传统规制方式难以适应互联网新兴业态的特点。

面对互联网新兴业态发展带来的风险和问题，我国相关监管部门从被动规制向积极规制转变，分类监管，把控风险，积极探索以网管网，提高监管能力，取得了一定成效。但规制中仍存在用传统规制方式套用互联网新兴业态、规制范围超出市场失灵领域、监管缺失和监管过严并存、重运动式治理轻长效机制建设等问题，不利于互联网新兴业态创新发展。

国外对于互联网新兴业态规制总体上采取了鼓励创新、适应行业特点的做法。通常做法是，给互联网新兴业态单独归类制定法规或归入原业态更新已有法规体系进行管理。对新业态独有的特点采取适应其发展的监管要求。采取“政府管平台，平台管企业”的方式，发挥平台的自律作用。对新业态做少量限制，以部分平衡传统行业利益。

党的十八大提出要推进国家治理体系和治理能力现代化，应加快建立适应互联网新兴业态特点的现代规制体系，促进我国互联网新兴业态的快速健康发展。其一，适应政府职能转换，建立现代规制制度。树立依法、公平、公开的现代规制理念，提高规制机构独立性和专业性，规制范围限于市场失灵领域。其二，鼓励竞争和创新，提高规制的包容性。规制重点从事前转向事中事后，建立事后惩罚性损害赔偿制度。给技术进步留有余地并根据技术进步及时调整规制标准，适应市场发展需要。面对不确定性大、难以把握的创新时，采取试点方式推进。其三，根据产业特点和发展规律完善法规，提高规制的科学性。包括：放松经济性规制，加强社会性规制；加强对网络经济中滥用垄断地位行为的监管；适当平衡各方利益，但遵循社会总体福利最大化原则。其四，采取市场化的规制方式，提高规制的弹性。允许以市场化方式达到规制目标，实现资源优化配置。对规制标准进行成本效益分析，实现社会整体成本效益最大化。只要求规制结果，不强制指定实现目标的技术路线。其五，从单纯的政府监管向调动多方力量、更加注重社会协同的现代治理转变，提高规制效率。明确各方责、权、利，发挥网络平台企业的作用，建立协同规制规则。其六，运用现代信息技术完善社会信用体系建设，以网管网，提高规制能力和水平。

目录

第五章

对互联网新兴业态规制的建议

第六章

典型行业研究 1：网络预约出租汽车规制

第七章

典型行业研究 2：在线短租规制

第一章

发展互联网新兴业态的作用和意义

中国经济发展进入新常态以来，中央实施了“互联网+”行动计划，支持基于互联网的各类创新，积极培育发展新动能。当前，基于互联网创新形成的互联网新兴业态的迅速发展成为我国经济的新增长点和亮点，优化了社会资源配置效率，为经济增长提供了新动能。同时，互联网新兴业态发展过程中也存在一些市场失灵的情形，而传统规制方式难以适应，亟须加强互联网新兴业态规制研究，完善、创新现有规制方式，促进其又快又好发展。

一、互联网新兴业态成为我国发展的新动能

环顾世界，互联网革命正席卷全球，深刻地影响着经济社会发展。党中央、国务院高度重视“互联网+”对推动我国经济转型升级的重要作用，大力推动互联网新兴业态创新发展，互联网新兴业态已经成为我国发展的新动能。

（一）基于互联网的新一代信息技术革命正在快速发展，并成为新一轮技术革命的重要组成部分

当前，始于20世纪70年代的信息技术革命仍在持续发展，基于互联网的应用成为其核心。近些年来，云计算、物联网、大数据、移动互联网和智能终端等新一代信息技术快速发展，信息技术产业进入新一轮高速增长期。这一趋势仍将在未来相当长的一段时期内持续。从专利数量来看，信息技术产业仍处于快速增长期。根据美国国家经济研究局的统计，进入21世纪以来，全球计算机与通信专利以及电子与电气专利的绝对数量增长十分迅猛，从20世纪80年代初的排名靠后成长为专利数量最多的两个大类，分别达到25万件和22万件。专利增速也反映了这一产业方兴未艾，近30年间增速最快的3个行业为计算机与通信、电子与电气以及医药，分别增长了8.7倍、2.7倍、2.8倍，远高于其他领域。

新一轮技术革命正在孕育之中，互联网仍将继续扮演重要角色。2008年世界金融危机之后，国内外普遍认为，全球正处于新一轮科技革命的前夜，或者称为孕育期。尽管各界对于新一轮科技革命的方向存在不同看法，但各方预测中均包含互联网技术的深度应用。《第三次工业革命》作者杰米里·里夫金认为，互联网技术、可再生能源可结合起来，为第三次工业革命创造强大的基础设施。麦肯锡2013年在其研究报告《即将改变生活、生意和全球经济的颠覆性技术》中提出，移动互联网、人工智能、物联网、云计算、先进机器人、下一代基因组技术、自动化交通工具、能源存储技术、3D打印、先进材料等12项技术将成为改变世界的颠覆性技术。IT研究与顾问咨询公司高德纳咨询公司（Gartner）2015年发布的《技术炒作周期报告》预测，平民化的数据科学、混合云、机器学习等在2~5年内会成为主流的革命性技术，自动驾驶汽车、物联网、物联网平台、信息安全、3D 打印、器官移植、智能咨询等技术在 5 ~ 10 年内会成为主流的革命性技术，人类技能增强、智能微尘①在 10 年后会成为主流的革命性技术。

（二）互联网新兴业态是当前创新最为活跃的领域，创新速度快

网络技术飞速发展，与传统行业融合催生了不少新产业、新业态，网络经济成为创新创业的沃土。互联网技术创新与应用的影响是广泛而深入的，“互联网 +”的大规模普及，衍生出更多的新产业、新产品、新服务和新业态，从早期的网络传媒到电子商务，再到近期的互联网金融、网络约车、汽车共享和分时租赁等新的互联网商业形态，互联网逐步向更多产业领域融合，创造出庞大的市场价值。互联网技术创造、衍生和延伸全新价值网络的速度和方式已大大超出我们的想象，颠覆着我们对传统价值创造过程的认知。近年来，互联网加快与经济社会发展融合的步伐，“互联网 +”成为我国经济社会创新创业发展最为活跃的领域。

互联网行业专利申请呈快速增长趋势，成为知识产权创造最为活跃的领域之一。在各大互联网公司的创新比拼和专利申请量持续增长的带动下，整个互联网行业已经成为知识产权创造最为活跃的领域之一。以百度、腾讯、阿里巴巴、小米、奇虎 360、乐视 6 家具有代表性的互联网企业为例，2011 ~ 2015 年，6 家互联网企业国内专利申请量从 1664 件增至 14517 件，国内发明专利申请量从 1619 件增至 11887 件，年均增长率分别为 71.9%、64.6%，呈现快速上升趋势，大大高于同期国内专利申请受理量和发明专利申请受理量增速（分别为

① 是一种以无线方式传递信息的微型传感器。

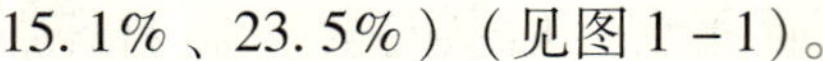
15.1%、23.5%）（见图1－1）。

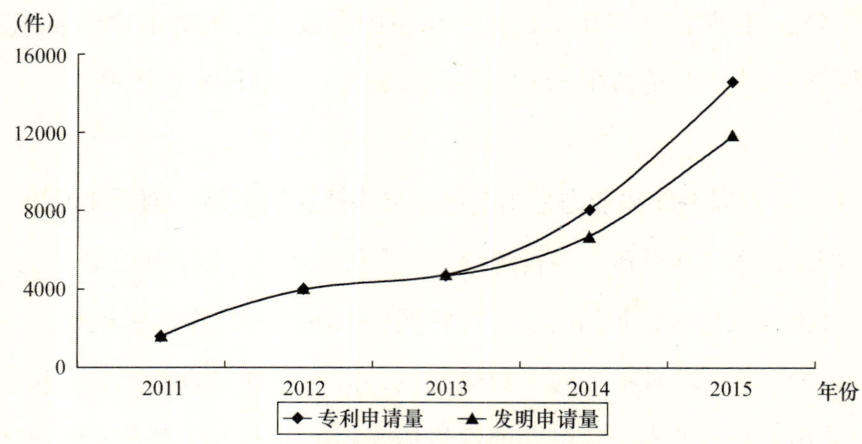

图1－1 前6家互联网企业历年专利申请量

资料来源：北京知识产权保护协会：《互联网行业专利管理能力分析报告》，2016年。

互联网新兴业态也是近些年风险投资的重点领域，成为引领经济发展、促进创新的首要推动力。根据投中信息旗下数据产品CVSource统计显示，2011～2016年，我国互联网行业VC/PE融资案例总体呈增长趋势，特别是2014年、2015年出现爆发式增长。2016年受整体经济形势影响，互联网行业VC/PE融资受到一定冲击，融资案例和融资规模有所下降，但互联网行业融资案例仍占全行业的35.35%，融资规模占全行业的20.98%，占据了整个风险投资市场的核心地位（见图1－2）。

（三）互联网新兴业态涉及面广，发展快速，成为我国经济增长的亮点

互联网新兴业态已在我国经济中的占据较大比例且呈高速增长趋势，成为带动我国经济增长的新动力。“互联网＋”的应用无处不在，与产业、政务和人们生活的方方面面不断深入融合，从第三产业向第

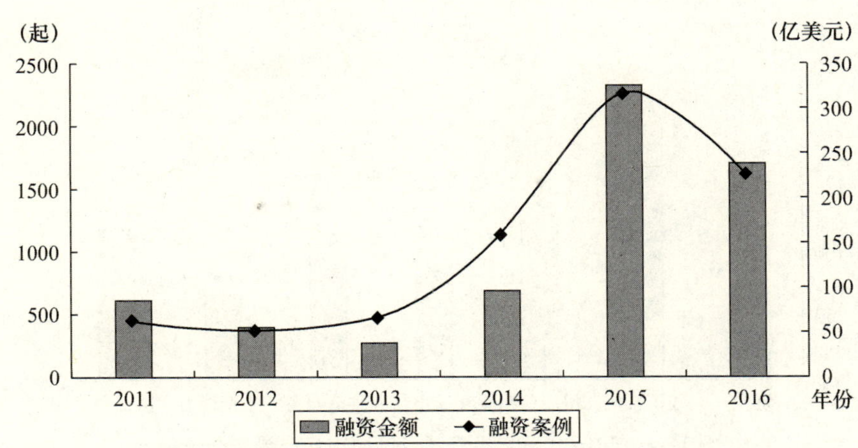

图1-2 2011~2016年国内互联网行业VC/PE融资情况

资料来源：刘梦晗，投中统计：《2016年互联网活跃度降温 投资市场趋于理性》，投资中国网，2017年。

一和第二产业渗透，从信息传输、营销向运营、制造和研发设计等多个产业链环节渗透，已经形成了新的互联网经济。2015年，互联网经济在我国国内生产总值（GDP）中占比超过7%，超过美国，且仍以年均30%的速度递增。一些早期发展起来的互联网新兴业态如电子商务仍保持快速发展。根据中国电子商务研究中心发布的《2016年度中国电子商务市场数据监测报告》，2016年，我国电子商务交易规模达22.97万亿元，同比增长25.5%。一些近些年刚开始发展的互联网新兴业态如分享经济更是呈爆发式增长。据国家信息中心分享经济研究中心、中国互联网协会分享经济工作委员会发布的《中国分享经济发展报告2017》显示，2016年，我国分享经济市场交易额约为34520亿元，比上年增长103%。其中，生活服务、生产能力、交通出行、知识技能、房屋住宿、医疗分享等重点领域的分享经济交易规模共计达到13660亿元，比上年增长96%；资金分享领域交易额约为20860亿元（其中，P2P网贷市场规模20640亿元，网络众筹市场规模220亿元），比上年增长110%（见图1-3）。

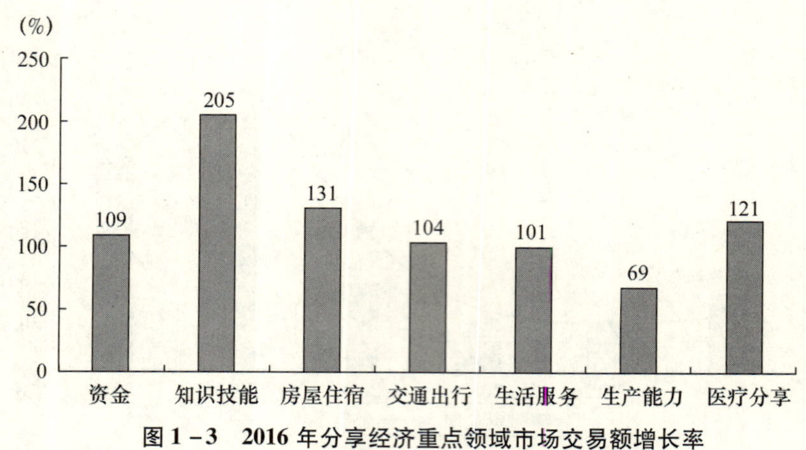

图1－3 2016年分享经济重点领域市场交易额增长率

资料来源：国家信息中心分享经济研究中心、中国互联网协会分享经济工作委员会：《中国分享经济发展报告2017》，2017年。

（四）“互联网＋”激发了新的市场需求，有助于推动我国经济向消费驱动转型

我国经济增长转型的一个方向是从投资驱动转向消费驱动，互联网新兴业态有助于实现这一转型。互联网大大降低了信息不对称的程度，扩大了市场范围，满足了一些之前未能满足的需求。一方面，互联网通过降低信息获取成本、加快信息传播速度，扩大了市场范围。如基于互联网发展起来的电子商务，通过将成千上万、种类繁多的商品信息集中于电子商务平台，大大降低了消费者的信息成本和搜寻成本，消费者只要在能接入网络的地方，均可进行采购。另一方面，互联网建立起的信用评价，为社会提供了信用参考，有助于释放消费需求。网络能够让市场交易信息留存下来，使得交易过程处于监督之中，也为消费者提供了信用评价和参考，大大降低了交易双方的监督成本和违约成本，从而有助于促进交易的发生、释放市场需求。

以电子商务为例，从消费者角度来看，居民网上消费额大幅增长，不仅是从线下消费向线上消费的转移或替代，更是对居民消费潜力的

释放和满足，创造了新的消费，据测算可激发增加39%的需求。据麦肯锡测算，消费者通过网络零售消费的100元中，约61元是替代性消费，另外39元则是网络零售产生的新增消费（见图1-4）。

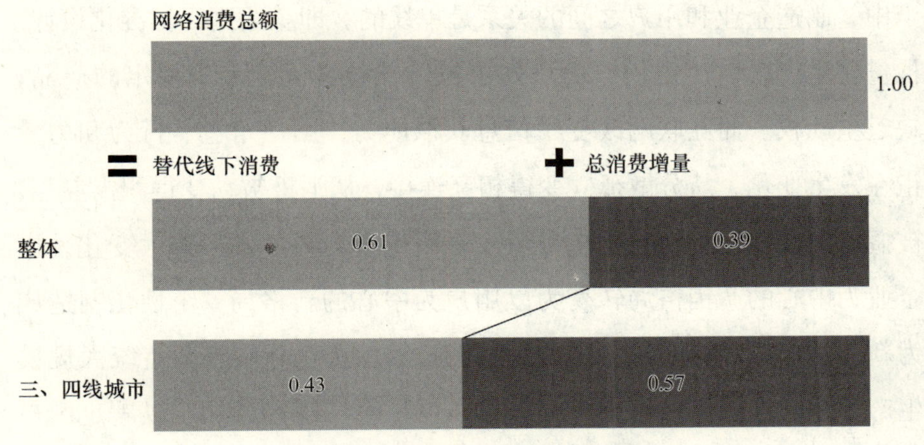

图1-4　网络零售所产生的新增消费

资料来源：麦肯锡全球研究院：《中国网络零售革命：线上购物助推经济增长》，2013年。

（五）“互联网+”推动了产业转型升级和创新，有助于推动我国经济向高质量高效益转型

“互联网+”突破了传统的技术、行业、企业和市场之间的边界，推动传统制造企业向服务化、智能化和扁平化方向加速转型，并促进了产业创新。

一是“互联网+”推进了产业结构的服务化进程。制造业企业利用网络的在线监测功能，推动了制造业服务化进程。比如航天航空行业过去卖发动机、卖产品，现在航空公司认为卖产品的维护成本太高，转为卖发动机的飞行小时服务。特别是在生产性服务业领域，“互联网+农业”“互联网+研发”“互联网+金融”等诸多服务领域应用如雨后春笋，层出不穷，成为产业结构优化升级的重要推动力。

二是互联网促进了生产组织方式的变革，在缩短供应链条的同时

使得供给能更加精准地满足市场需求。互联网提供了一个零边际成本的交互平台，减小了信息交流的成本，为企业的生产组织方式创新提供了基础，产生了 C2B 等新的生产组织方式。在传统的生产消费模式当中，制造企业和用户之间的关系是单线的，即企业进行标准化设计、批量化生产，以产定销，用户处于被动地位，只能接受特定的产品，缺乏主动权。而互联网改变了信息获取能力，用户角色、行为和力量正在发生变化，从分散孤立变得相互连接，从消极被动变得积极参与，被搁置的多样化个性化需求被激发，使得市场环境发生重大变化，以企业为中心的产销格局转变为以用户为中心的新格局，个性化制造成为新的生产方式。因此，借助互联网技术，企业开始改变传统大规模生产的组织模式，根据用户需求重新设计生产线和产品，以满足用户多样化、个性化的需求，把用户的差别性需求体现在产品的唯一性上，形成"量体裁衣"和"私人定制"的专属定制，如路特斯的"Lotus Exclusive"、青岛红领的"C2M"、宝钢的"EVI"等。

三是越来越多的企业通过互联网将消费者引入创新过程，从原来的单向线性创新转向交叉并行的创新模式，提高了创新的效率。借助互联网，生产者和消费者的边界变得模糊，企业形成了新的创新模式。例如，小米手机、乐视 TV 在正式销售前与潜在购买者共同设计产品，使客户由一个纯粹的消费者角色转变为一个合作生产者，从而帮助企业完善自身产品。

二、互联网新兴业态促进了社会总体福利增加

面对互联网新兴业态的蓬勃发展，有人认为其只是简单替代传统产业，并未对社会做出新的贡献，有人质疑其为虚拟经济，未产生实际价值。实际上，互联网新兴业态的发展并不仅仅只有替代效应，而

是实实在在地增加了社会的总体福利。

（一）通过更高效的信息匹配机制，提高了产能利用效率

互联网新兴业态发挥互联网强大的信息搜索和交流功能，有效降低了市场上的搜寻和匹配成本，能够提高产能及相关资源利用效率。美国国家经济研究局研究人员 Judd Cramer 和 Alan B. Krueger 对传统出租车和网络预约出租汽车（简称网约车）比较的结果表明，网约车能够提高产能利用率。他们对 5 个城市的传统出租车和网约车 UberX 的产能利用率进行了比较，平均而言，按时间计算，UberX 的产能利用率比出租车高出 30% ~50%（见表 1 -1），而按照里程计算则为 50% 左右（见图 1 -5）。更高的产能利用率不仅对司机、乘客有影响，还对外部环境资源如道路、燃料带来影响。例如，洛杉矶的出租车每载乘 1 英里，要空置 1.46 英里，而 UberX 是 0.56 英里。空置率减少，一定程度上意味着能够减少交通拥堵和燃料消耗。

表 1 -1　　出租车和 Uber 时间利用率比较

	f		F	
	出租车	UberX	出租车	UberX
波士顿	—	46.8%	32.0%	46.1%
洛杉矶	—	51.7%	—	50.3%
纽约	48.3%	50.9%	49.5%	51.2%
旧金山	38.4%	54.9%	38.5%	54.3%
西雅图	—	43.5%	—	43.6%

注：f 是每个司机的平均值；F 是总载客时间和总运行时间之比。波士顿出租车是 2013 年中 3 天的数据，纽约出租车是 2013 年数据，旧金山出租车是 2013 年 7 ~ 10 月数据。UberX 波士顿数据是 2015 年相应 3 天的结果，旧金山是 2015 年 7 ~ 10 月数据，其他城市是 2015 年前 11 个月数据。

资料来源：Judd Cramer，Alan B. Krueger，2016，“DISRUPTIVE CHANGE IN THE TAXI BUSINESS：THE CASE OF UBER”，NBER（NATIONAL BUREAU OF ECONOMIC RESEARCH）WORKING PAPER SERIES，Working Paper 22083，http：//www.nber.org/papers/w22083。

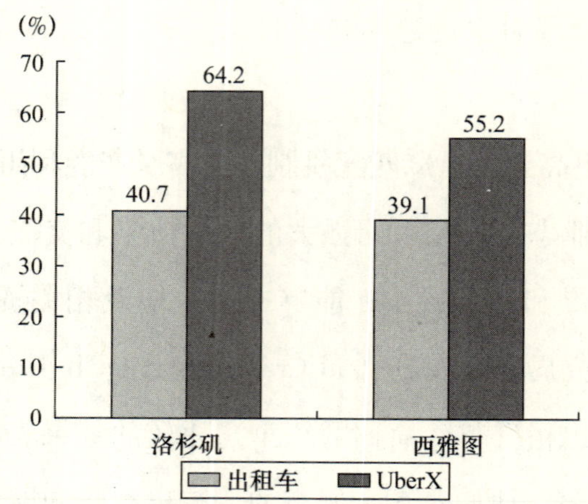

图1－5　洛杉矶和西雅图的出租车和Uber里程利用率比较

资料来源：Judd Cramer，Alan B. Krueger，2016，“DISRUPTIVE CHANGE IN THE TAXI BUSINESS：THE CASE OF UBER”，NBER（NATIONAL BUREAU OF ECONOMIC RESEARCH）WORKING PAPER SERIES，Working Paper 22083，http：//www.nber.org/papers/w22083。

Judd Cramer、Alan B. Krueger分析认为，UberX比出租车可以实现更高的产能利用率，有以下原因。第一是技术原因。Uber基于移动互联网技术和智能手机，采用更高效的司机乘客匹配技术，而出租车通常依靠在20世纪40年代开发的双向无线电调度系统或扫街打招呼。第二是网络规模效应。Uber的较大规模可能会导致一个Uber司机比出租车司机更接近潜在客户。在大多数城市，Uber目前比最大的出租车公司有更多的司机在道路上提供服务。第三，区域出租车牌照管制。效率不高的出租车牌照管制，阻止了出租车司机在授予他们牌照的行政管辖区外载客。第四，市场机制调节。Uber采用了超级灵活的劳动供给模型和峰谷定价机制，能够更紧密地匹配供需。

（二）产生了竞争效应，提升了行业服务质量和水平

互联网新兴业态的兴起，加剧了行业竞争程度，有助于提升行业

的服务质量和水平。Scott Wallsten 以投诉量作为出租车行业投诉质量指标，研究了 Uber 的进入对出租车行业服务质量和水平的影响，发现 Uber 的进入降低了出租车行业的投诉量。该项研究以纽约市出租车行业为例，数据显示，2009~2011 年，纽约每日出租车出行次数呈增长趋势，2011 年 5 月 Uber 进入纽约后，出租车出行总数呈显著下降的趋势（见图 1-6）。

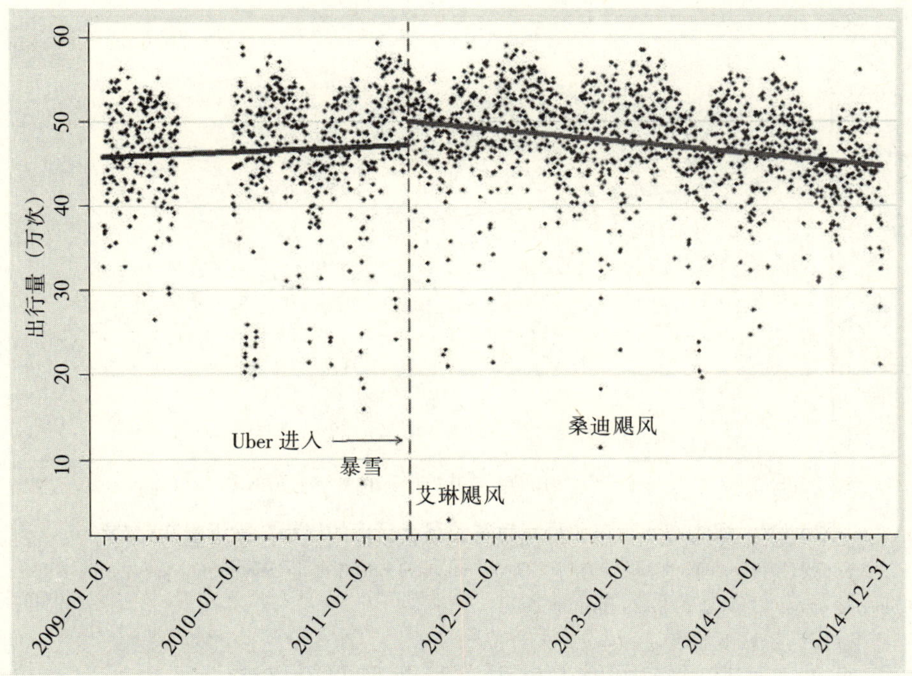

图 1-6　纽约市出租车日出行量变化趋势

资料来源：Scott Wallsten，2015，“The Competitive Effects of the Sharing Economy：How is Uber Changing Taxis?”，www. techpolicyinstitute. org。

Scott Wallsten 通过研究纽约市政府开放数据平台提供的出租车投诉数据表明，Uber 进入市场之前，出租车每周投诉量已经呈下降趋势，Uber 进入市场后下降趋势有所增加（见图 1-7）。考虑到 Uber 的进入减少了出租车数量，如果乘坐数量减少，则投诉数量也可能减少，Scott Wallsten 对投诉数据进行了标准化处理，计算了每次乘坐的投诉次数，两者结论相同，只是Uber对出租车投诉量下降速度的改变比用绝对量来衡量时要稍缓慢一点（见图1－8）。分析认为，Uber进入市场后，出租车行业通过提高服务质量来应对新的竞争，主要是出租车司机在车辆维护、服务态度等方面有所提高。

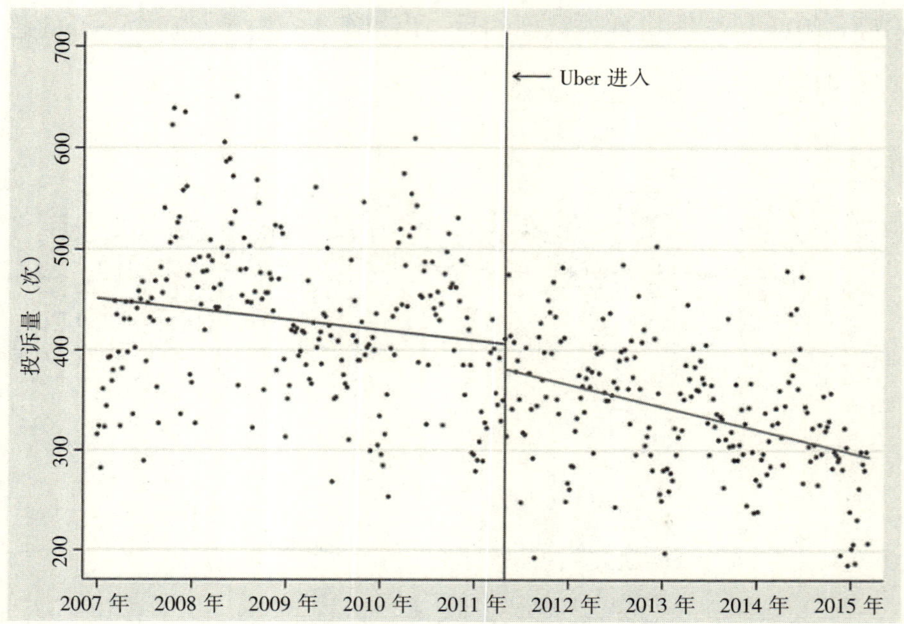

图1－7　纽约市出租车和豪华轿车委员会受理的出租车投诉量变化趋势

资料来源：Scott Wallsten，2015，"The Competitive Effects of the Sharing Economy：How is Uber Changing Taxis?"，www. techpolicyinstitute. org。

此外，通过对芝加哥市出租车行业牌照价格和交易量的研究发现，Uber的进入改变了出租车行业牌照的价格和需求。Uber进入芝加哥市之前，芝加哥出租车牌照价格呈上升趋势。2011年8月Uber进入芝加哥市后改变了牌照价格的上升趋势，出租车牌照价格在随后的一年内（2012年7月）达到峰值约40万美元后开始呈下降趋势。另外，Uber进入后，出租车牌照市场也变得越来越小，每周牌照交易数量在2012年达到538个，在2014年降至91个，2015年1～4月仅为7个（见图1－9）。

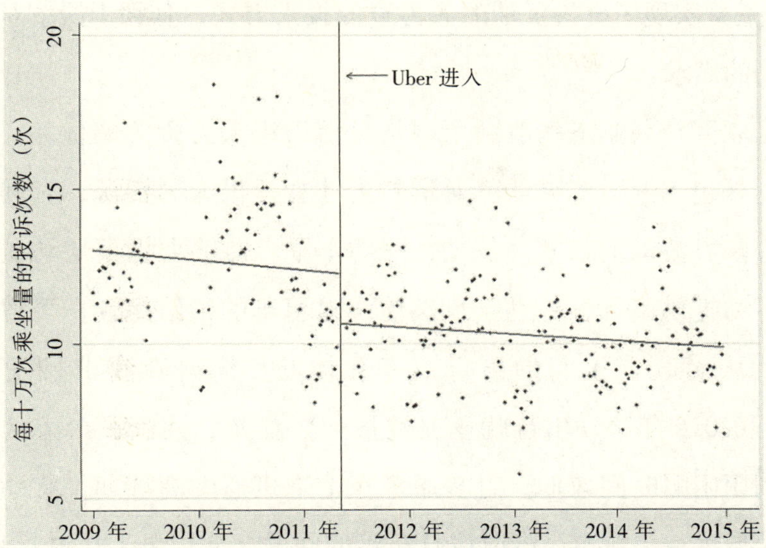

图 1－8　纽约市每 10 万出租车乘坐量投诉次数的变化趋势

资料来源：Scott Wallsten，2015，“The Competitive Effects of the Sharing Economy：How is Uber Changing Taxis?”，www. techpolicyinstitute. org。

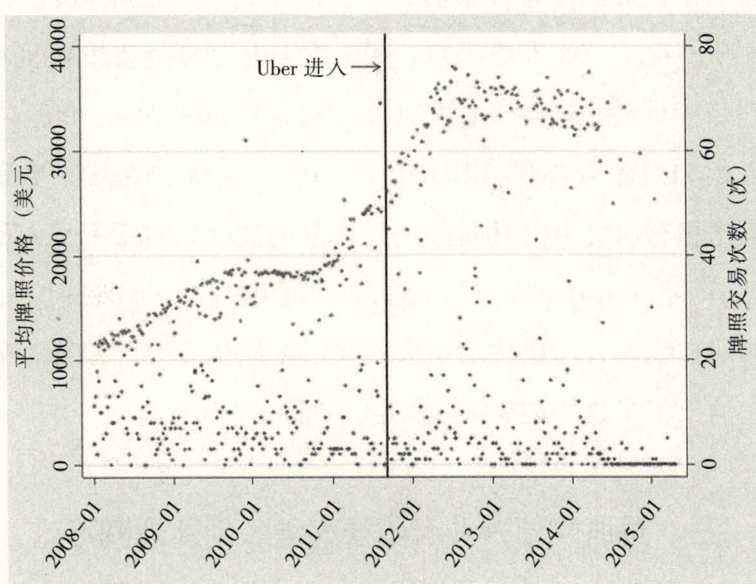

图 1－9　芝加哥市每周出租车牌照平均价格和交易量变化趋势

资料来源：Scott Wallsten，2015，“The Competitive Effects of the Sharing Economy：How is Uber Changing Taxis?”，www. techpolicyinstitute. org。

（三）实现了更为灵活的人力资源投入方式，有利于缓解社会峰谷波动的需求

互联网新兴业态一般利用网络灵活组织人力资源的优势，采取兼职、外包、派遣等灵活就业形式为社会提供人力资源，有利于缓解社会峰谷波动的需求。例如，网约车平台能够大规模地动员社会闲置运力提供服务，有助于打破传统出租车的供给瓶颈，缓解峰谷需求，从而改善人们的出行效率和体验。根据滴滴出行发布的《2015～2016 年移动出行就业促进报告》显示，滴滴平台上的多数司机利用闲暇时间兼职，且多服务于上下班通勤高峰期，有助于缓解特大城市、大城市高峰时段打车难的问题。从司机工作时长来看，滴滴平台司机工作时长体现了“利用闲暇时间”的特点，滴滴平台 2016 年 3 月的专、快车司机在线时长平均每周 14 小时以下的占 72.8%。从司机工作时段来看，专、快车司机多在早晚高峰接单，上午 8：00～11：00 和晚上17：00～21：00是专、快车司机在线时间的高峰，与上下班高峰时间基本重合；11：00～16：00，在线司机的人数相对较少且保持稳定；23：00～7：00，在线人数则非常少。而出租车司机不同时间段在线人数的波动相对缓和。滴滴平台上出租车司机工作的高峰时间段是7：00～11：00，但 6：00～21：00的在线人数占比波动不大，除了凌晨休息时间以外，处于工作状态的出租车数量基本保持稳定（见图 1－10）。

三、互联网新兴业态亟须完善、创新规制方式

互联网新兴业态提高了整个社会的劳动生产率和资源使用效率，同时也存在风险，且作为新生事物，互联网新兴业态发展过程中还产

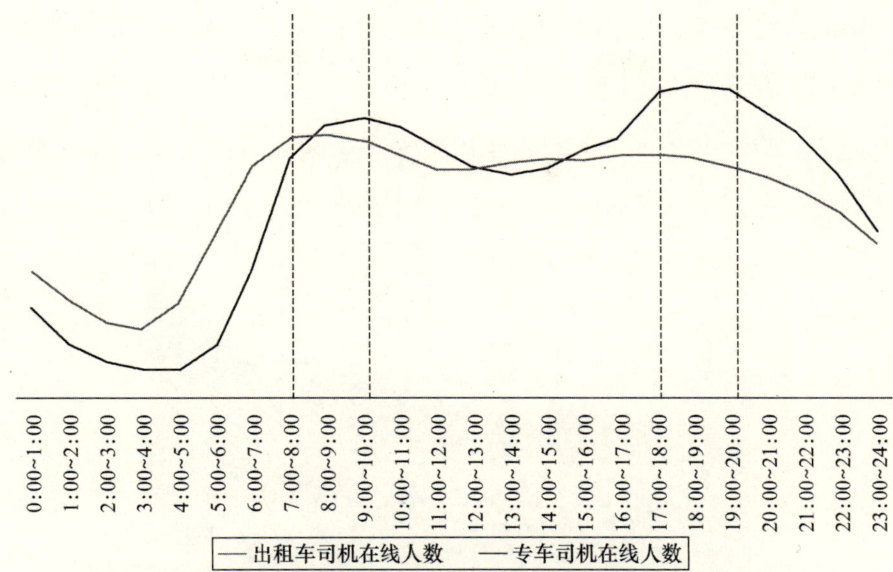

图 1－10　滴滴平台上出租车、专快车司机在不同时间段的司机数量占比
（全国，2015 年 7 月）

资料来源：滴滴出行：《2015～2016 年移动出行就业促进报告》，2016 年。

生了一些新的问题，传统规制未完全覆盖或难以适应，需要政府完善、创新规制方式。

（一）互联网新兴业态发展中存在市场失灵，需要政府规制

任何事物都有两面性，互联网新兴业态也一样，尽管其发展给经济社会带来了新动能，但也存在市场失灵的情形，若不加以规制，则会给社会造成损害。例如，网约车兴起后，由于缺乏明确的准入门槛，一些具有危险隐患的群体进入该行业。据深圳市公安部门 2016 年初的一次排查结果显示，深圳市网约车驾驶员群体中有超过 3000 名司机有吸毒或犯罪前科。又如，在线短租由于相关责任缺乏明确规定，住宿过程中若出现问题，将难以追责。《浙江在线》曾报道，2015 年 11 月，一位温州前去杭州的摄影师通过 Airbnb 订房，入住后价值 6 万余元行李失窃，投诉无门。记者调查发现，Airbnb 对房客和房东没有很

严格的审核流程，相关法律法规也缺乏对民宿和短租的规定。再如，共享单车方便了人们出行的“最后一公里”，但无序停放导致公共场所拥堵。2017 年清明期间，由于出行人多又缺乏规范管理，深圳湾的共享单车占据了原道路的 2/3，导致无法骑行（见图 1－11）。

图 1－11 深圳湾共享单车占据公共场所

资料来源：深圳新闻网。

（二）互联网新兴业态对传统规制方式带来了挑战

以互联网技术为依托的互联网经济发展日新月异，同时由于互联网新兴业态存在分散程度高、跨地域经营等一些新的特点，导致传统规制方式难以适应，对传统监管带来了很多挑战。正如李克强总理 2017 年 6 月 21 日在国务院常务会议上指出，互联网新兴业态具有新的特点，不能仍用老办法来管理，“几年前微信刚出现的时候，相关方面不赞成的声音也很大，但我们还是顶住了这种声音，决定先‘看一看’再规范。如果仍沿用老办法去管制，就可能没有今天的微信了”。尽管中央一再表示要支持互联网新兴业态发展，但各界对其规制却一直处于争议中。例如，在《国务院办公厅关于深化改革推进出租汽车行业健康发展的指导意见》和《网络预约出租汽车经营服务管理暂行办法》出台以前，各地执法不一，有些地方以“非法营运”理由予以查处，有的地方给予其合法身份，有些地方则持观望态度。这两个文件出台后，各种争议仍然存在。以上反映了我国在如何规制互联网新兴业态时仍缺乏统一认识和有效措施，亟须加强研究，完善传统规制方式。

（三）完善互联网新兴业态规制成为政府和社会各界关注的焦点

社会各界已经关注到了互联网新兴业态发展带来的挑战和问题，期待政府部门完善现有规制，促进互联网新兴业态健康发展。2016 年 3 月，全国政协社法委与民革中央联合在全国政协十二届四次会议的提案《关于完善互联网经济法律规制的建议》提出，现行制度难以规制不断涌现的新业态、新商业模式，建议以“包容性治理”理念应对我国互联网经济法律规制需要。全国政协委员孙红在全国政协十二届四次会议上提交了《关于创新监管模式推动“互联网 + 交通”发展》的提案，建议政府部门加快行业管理创新，以优化监管模式为导向，树立平台治理理念，出台与人民群众便捷出行、绿色出行和安全出行意愿相符的监管方式与政策，为“互联网 + 交通”营造良好发展环境。2017 年 3 月，腾讯公司董事会主席兼首席执行官马化腾在第十二届全国人民代表大会第五次会议广东代表团全体会议上提出，希望逐步完善有利于数字经济发展的监管体系，能够优化监管方式，既保持有效的监管，又不伤害新业态的积极性。

中央也关注到互联网新兴业态创新发展对政府管理带来的挑战，明确要创新监管方式，促进其健康发展。《国民经济和社会发展第十三个五年规划纲要》提出，强化互联网交易监管。2016 年 3 月，发展改革委、中宣部、科技部等10部门联合出台的《关于促进绿色消费的指导意见》也指出，要有序发展网络预约拼车、自有车辆租赁、民宿出租、旧物交换利用等，创新监管方式，完善信用体系。2017年1月，国务院办公厅出台的《关于创新管理优化服务培育壮大经济发展新动能加快新旧动能接续转换的意见》指出，一些经济领域管理规则已经不适应新的发展趋势，迫切需要加快制度创新步伐，营造包容支持创业创新和推动传统产业提质增效的制度环境。

互联网新兴业态规制研究进展

政府规制理论自19世纪下半叶以来在实践中不断向前发展，对微观经济的规制已经成为市场经济条件下政府干预经济的一种方式。全面吸收规制研究成果，可为政策制定提供有益借鉴。

一、规制、管制与监管

在国内，“规制”“管制”和“监管”3个词通常混用。规制尽管与管制、监管存在很多相似之处，但有一些细微区别，对其作适当区分是有必要的。

（一）公共规制是市场经济条件下政府为弥补市场失灵、保障社会公平公正，运用法规干预经济主体的行为

“规制”一词源于英文“regulation”，由日本学者植草益构造再译至国内。植草益在微观经济学的基础上提出，规制是依据一定的规则对特定社会的个人和特定经济的经济主体的活动进行限制的行为。进行规制的主体有个人和公共机构两种形式。由个人进行的规制，如个

人（父母）约束个人（子女）的行动，称为个人规制。由社会公共机构进行的规制，是由司法机关、行政机关以及立法机关进行的对个人及经济主体行为的规制，称为公共规制。植草益认为公共规制包括直接规制和间接规制。间接规制是指为了防止不公平竞争所制定的反垄断法、民法、商法等对垄断行为、不公平竞争行为以及不公平交易行为所进行的规制。直接规制又分为经济性规制和社会性规制。经济性规制是针对一些具有自然垄断性或存在信息不对称的产业，对其进入、退出、价格、服务质量、投资等行为所进行的规制。社会性规制则是以保证劳动者和消费者的安全、健康、卫生、环境保护、防止灾害为目的，对商品和服务的质量以及伴随着提供它们而产生的各种活动制定一定的标准，并禁止、限制特定行为的规制（见表2－1）。

表2－1　广义的公共规制

项　目		主要目的	政府的主要行为
间接规制	不公平竞争规制		由反垄断法、民法、商法等产生的对垄断等不公平竞争行为的制约
直接规制（狭义的公共规制）	经济性规制	对应于自然垄断等	对在公益事业中的进入、退出、价格、投资等的制约
	社会性规制	对应于外部性、非价值性等	防止公害，环境保护，保证健康、安全，取缔毒品、炸药等

资料来源：［日］植草益著，朱绍文、胡欣欣等译校：《微观规制经济学》，中国发展出版社1992年版。

需要说明的是，经济学中针对市场失灵提出政府规制的理论都暗含着一个假设前提，即必须存在一个高效率、成熟的市场机制。植草益将其看作成熟市场经济国家与生俱来的先决条件。

另一个日本学者金泽良雄对规制的定义也颇具代表性。他认为，政府规制是在以市场机制为基础的经济体制下，以矫正、改善市场机制内在的问题为目的，政府干预和干涉经济主体活动的行为。

（二）管制主要指政府对社会经济的管理和控制行为，更多强调政府计划和命令

“管制”一词源于国内翻译英文词汇“regulation”而来，因此有时候其含义与“规制”相同，但更多的时候是使用“管制”来突出其计划、管理和控制之义。美国学者史普博的著作《*Regulation and Markets*》（MIT Press、Cambirdge、MA，1989）由三联书店引入国内时，“Regulation”一词被翻译为“管制”。国内学者陈富良认为，在汉语词汇中，管制很容易让人联想到统治和命令经济形势，而规制更接近英文原来的词义，所强调的是政府通过实施法律和规章制度来约束和规范经济主体的行为，故翻译为“规制”更为恰当。为了体现规制与管制的这一区别，在论及计划经济时，作者使用“政府管制”；而在论及市场经济体制时，使用“政府规制”一词。

不论是翻译的差异还是学者在词义理解上的差异，学术界还是对两者进行了一些界定，以示区分。

规制与管制存在的区别主要有四点。首先，在规制的依据上，前者依据的是法律、法规的正式规定，后者则不能完全保证具有这种依据，有时甚至是一种政府随机的、只是出于政府本身愿望的任意行为；其次，在规制的内容上，前者必须体现出保证社会公正、公平的内涵，充分体现一视同仁的原则，后者则不能保证这一点，有时甚至完全是一种倾斜性的行为（如对国有企业的照顾和优待）；再次，在规制的程序上，前者有固定的程序，而且这些程序是完全公开、透明的，后者则既没有严格的固定程序，又不能做到完全公开、透明，暗箱操作

的成分比较大；最后，在规制的结果上，前者充分考虑了政府公务员在执行法律法规时有可能出现的非理性行为，因而建立了固定的纠错机制，确定了法定的纠错措施（“对规制者的规制”），而后者则不能保证有这种纠错机制和纠错措施。

（三）监管与规制含义基本相同，强调规制通过后进行监督或管理

“监管”是从英文单词“regulation and supervision”翻译过来，与规制的含义基本相同，在我国通常互用。由于“监管”比“规制”更便于理解，我国政府部门往往使用“监管”一词。当然，两者差别不大。国外有学者（Jerry L. Jordan，2001）也认为，“规制”与“监管”两个词在使用过程中是经常可以互换的。但是在进行严格区别时，规制主要指影响产业行为的规则或程序，而监管则指在规制通过后进行监督或管理的行为，强调监管行为必须与规则或规制相一致。另外，政府对于金融业的干预，西方学者往往倾向于使用“regulation and supervision”，可以翻译为“规制与监管”。

二、规制发展趋势

美国被公认为是最早产生政府规制制度的国家，也是政府规制最为成熟的国家，其规制发展过程代表了规制发展趋势。其他国家也陆续开展了很多规制实践。政府规制发展趋势大致如下。

（一）经济性规制有所放松，社会性规制呈加强趋势

规制最早主要是经济性规制，经历了严格进入规制到逐步放松

的过程。政府设立经济性规制主要是通过对产业的价格、准入等进行限制来实施规制，从而保护公共利益免受损害。但是，研究者深入考察100多年的政府规制历史后发现，除了对环境污染等少量典型的为公共利益而实施的规制之外，政府规制的结果并不总是为了公共利益。同时，政府规制由于决策信息不完全性等原因也存在政府失灵的问题，有时候甚至会产生比市场失灵更为严重的后果。在一些情况下，政府规制还容易出现规制俘获的情形。因此，规制在逻辑上和目标上就存在一定问题。另外，以科斯为代表的学者提出，只要产权明确，运用市场机制可以解决市场失灵问题。实践中，在交易成本较低时，运用市场机制确实可以解决许多外部性问题。这一系列研究成果和实践经验推动了规制的改革，政府开始逐步放松或解除经济性规制。

为适应现代经济发展，涉及消费者利益保护和大众健康、安全、环境权、知情权保护方面的社会性规制则不断加强。随着工业化的推进，企业生产经营活动的负面影响给社会带来了越来越多的严峻问题，对经济社会可持续发展构成严重威胁。因此，对涉及健康、安全和环境以及其他存在严重信息不对称领域的社会性规制应运而生。二战以后，西方经济迅速发展，同时引发了一系列环境、安全、健康等方面的社会性问题，政府逐渐将规制的重点转移到社会性规制。20世纪70年代开始，以英美日为代表的发达国家掀起了一场放松经济性规制和加强社会性规制的浪潮，放松经济性规制是完全或部分取消对产业的进入、价格等方面的规制，通过民营化和引入竞争机制促进企业间的竞争和企业内的改革与创新，而加强社会性规制主要是增强对环境污染和产品质量的管控。

（二）反垄断规制保持不变，但标准更为宽松

各国政府对反垄断一直保持高度重视。近几十年来，反垄断规制的力度保持不变，但由于经济全球化、技术进步等环境变化，反垄断规制的标准有所放宽。

一方面，反垄断规制方法由传统的结构主义规制方法过渡到行为主义方法。

20世纪70年代之前，美国的反垄断执法基本上是采用结构主义规制方法。20世纪30年代的产业组织理论为结构主义规制方法提供了理论支持，认为市场结构影响和决定市场行为与市场运行结果。结构主义规制方法是从产业结构出发，将产业结构看作最重要的衡量标准，禁止一切使产业/市场结构更加集中的并购行为，若市场已经出现寡头则使用拆分占支配地位大企业的方法使市场结构更加分散。

随着规模经济的发展、经济竞争全球化以及技术进步，结构主义规制方法由于不适用经济社会发展逐渐被行为主义规制方法取代。行为主义规制方法主要以控制限制竞争和形成垄断的市场行为为规制重点，对反竞争的企业行为进行制裁或禁止。20世纪90年代的微软案件体现了这一转变，由于微软公司强制捆绑销售其Windows系统和IE浏览器，妨碍了市场竞争而被告上法庭，在案件一审判决中法官遵循结构主义思路将微软公司拆分为系统和浏览器两个业务公司。微软公司不接受此判决结果进行了上诉，在二审判决中，法官则遵循了行为主义规制方法没有拆分公司，而是限制了其捆绑销售的行为。

另一方面，从本身违法原则发展到合理原则。

反垄断合理原则和本身违法原则来源于垄断的两重性，即反垄断规制只反对危害竞争的垄断行为而不是一切垄断行为。本身违法原则是指某些协议或行为本身具有明显的反竞争性质，出现即违法，无需证明。

而合理原则是指当某些协议或行为只有当限制竞争，造成垄断危害时才加以制裁。目前来说，从反垄断法实践过程中可以发现，合理原则是优于本身违法原则的，因为本身违法原则的适用范围太过狭窄，而合理原则可以更好地适应复杂的经济现象（朱宏文、王健，2001）。

（三）增强规制机构独立性，提高规制的专业化、公正性

独立的规制机构具有专业性、灵活性、技术性、降低决策成本等优点，利用规制机构独立于政治和行政干预的特点还能提高政府规制政策的可信度。规制机构独立性的加强，有助于提高政府规制的权威性，从而提高政府规制的行政效率，并且加强规制机构的独立性还能很好地规避规制机构被俘虏的风险。在美国，主要领域的政府规制责任多由“独立管理机构”承当，该机构通常是根据某一规制法的特别决定、由总统提名、经议会同意后任命、直属总统、主要由相应领域的专家组成核心领导机构、有固定任期、非因法定事由不得免责、集行政与准立法和准司法为一体、大多采用委员会制。美国联邦政府层次上第一部针对经济性规制的法律是1887年制定的《州际商务法》，根据该法成立的州际商务委员会是美国成立的第一个联邦独立规制机构。1914年，根据《联邦贸易委员会法》，美国创建了联邦贸易委员会。从1970年开始，美国国会接连不断地建立了一系列维护健康、安全和环境的规制制度和相应的规制机构，例如环境保护署、职业安全与健康管理局、消费品安全委员会等。这些主要规制领域的规制机构均独立存在，行使规制职能。当然，美国也成立了一些设在联邦政府部门内的规制机构，如农业部下属的动植物安全检疫中心，财政部下属的烟酒、枪械管理局，内政部下属的露天采矿管理局等。不过，这些规制机构的规制领域相对来说并非主要规制领域，而且由于基础性

体制不同，它们的独立性和权威性很强，跟其他部门或机构的职能界限也相对比较清楚。

另外，在以独立规制机构为主体的美国政府规制体制下，联邦各领域的规制主体一般只有一家，它可以派出驻各地的派出机构或巡查员、检查员或调查员，但这些派出机构或人员不具有独立的规制主体资格，不能单独制定规制制度、实施规制行为，从而减少了各地各层级对规制的影响，能够实现联邦规制政策和措施的统一。

（四）对规制进行成本效益分析，更加注重规制的经济效益

社会性规制制度建立初期主要遵从社会效益优先的原则，不需要经过成本－收益分析，导致规制产生了过高成本从而牺牲了经济效益。社会性规制领域要求立法者的决策应当建立在道德考虑的基础上，其次才是考虑伴随而来的经济影响。虽然社会性规制改善了生活环境，提高了健康水平和生活质量，同时也有效缓解了有关社会矛盾，社会效益明显，但是严厉的规制也产生了昂贵的成本。巨大的规制成本招来了批评。一些经济学家认为，美国的社会性规制没有在收益和成本之间进行合理的平衡。还有些经济学家则认为，在美国经济不景气的年代，严厉的社会性规制加重了企业的运行成本，加重了经济的不景气。

在各方的批评和压力下，政府开始开展成本－收益分析，对规制决策及其实施进行评估。为降低成本，美国采取了以下措施：一是力求使制定的规制标准更加符合客观实际，更加关注执行成本；二是采取业绩标准的方法。过去，美国社会性规制机构习惯于采取技术标准，即制定规制标准时，总是同时制定实现规制目标的技术，强制被规制者按其指定的技术去达标。这种规制方法既费时费钱，又有可能阻碍

更好的达标方法的探索，而且还会提高被规制者达标的成本。现在，美国社会性规制机构开始更多地采取业绩标准，即在制定规制标准后，允许被规制者在达到规制标准的前提下，灵活选择适合自己的、成本较低廉的技术，这有助于节省规制成本。

（五）采用市场化方式来实现规制目的，提高资源配置效率

20 世纪后期开始，适应政治民主化进程，政府规制单纯强制、命令的刚性有所弱化，在保持政府规制权威所必需的刚性的同时，开始适当引入对话式、谈判式、对价式等柔性方式，在制定法律法规时建立公众评议、听证等民主程序。例如，近些年来，美国职业安全与健康管理局（OSHA）在制定规则的方法方面，引进了谈判式规则制定方式，即 OSHA 在制定某些规则之前，组织利益各方参与建设性的讨论，如果达成一致，那么 OSHA 即可发布新的规制标准。再如，在环境规制方面，美国采取了“替代”（即允许企业通过消减工厂内其他污染源的排放量，来达到获准企业因进行新的生产而排放一定对应量的新的污染而不必去申请新的排污许可证。通过这样一种新的内部交易，既解决了企业发展的需要，又总体控制了环境质量）、“补偿”（即企业通过消减已合法拥有的旧的排污权来补偿获得新的排污权，并且消减的旧排污量应当大于或等于新的排污量。这种补偿具有提高单位污染成本产生的经济效益和环境资源的使用效率的作用）等柔性规制方法，取得了比传统刚性规制更好的效果。

三、互联网新兴业态规制研究进展

针对互联网新兴业态对社会原有的秩序带来的冲击，国内外对这

一新兴商业模式的规制进行了研究，并提出了一系列建议。主要有如下结论。

（一）建立创新友好的监管体系，鼓励竞争和创新

总体上，研究者们认为，出于公众的利益考虑，政府应该鼓励竞争，支持互联网新业态发展，创建创新友好的监管体系，为新技术、新业态发展创造积极的环境，从而促进企业创新、降低成本，提供更好的产品、服务。为鼓励互联网新业态创新发展，建议采用如下做法。

一是降低甚或取消准入门槛，鼓励竞争。2016 年 6 月，欧盟委员会（European Commission）出台《分享经济指南》（*A European Agenda for the Collaborative Economy*），对市场准入提出如下建议：第一，当分享经济平台自身不提供服务、只作为信息中介时，不应对其设置准入要求或者其他门槛；第二，一般不应对服务提供者施加从业批准、许可等准入义务，除非这些限制对于满足相关公共利益目的是绝对必要的；第三，绝对禁止和取缔分享经济业务只能作为最后迫不得已的手段和措施；第四，区别对待职业的服务提供者和临时提供服务的公民个人，不得针对后者施加准入义务或者其他限制。布鲁金斯研究所 2016 年在《共享经济的当前和未来》报告中建议，规范共享经济的政策应该以降低初创企业的进入障碍为目标，这将会对在位企业带来竞争。

学者 Geradin（2015）认为，规制的设置是为了解决市场失灵的问题，应确保用来解决市场失灵的规则能够有效地实现其目标，Uber 等新业态的出现给传统行业带来了创新的动力，公共部门在制定规制规则时，应该重新制定准入门槛，允许 Uber 在市场上提供服务，如重新制定市场中可以拥有的车辆的上限。美国学者 Posen（2015）认为，

监管部门应该允许Uber及其类似公司的创新和发展，应该遵循华盛顿特区已经采用的方式，对人们的安全通过监管进行保障，不要设置准入门槛或者固定价格；不应该要求Uber和其他相关的共享交通模式遵守传统出租车式的规制，而是要聚焦在乘客安全和体验相关的法规上。

二是发展初期采取宽松、灵活的规制方式，预留产业创新发展空间。Pier Luigi Parcu和Maria Luisa Stasi2014年发表文章《互联网：释放新星的黑洞——商业模式与规制》提出，一般情况下，在市场发展的初级阶段，规制基本上应该是保护一些基本的权利和自由，而将一般的市场演变留给企业，只要确保提供了一个可行的竞争程度即可。总的感觉是，互联网带来的变化过程远远没有完成，新的情况很快就会出现，在新的稳定平衡达到之前，可能需要将各类普适规制措施暂时“冷却”。Geradin（2015）也认为，公共部门制定规制规则时，规制框架应保持技术操作上的中立性和灵活性，以便适应未来更长远的创新。

三是对于不确定情形，允许试点和试验。Posen（2015）提出了试验性规制方式（experimental regulation），认为为了适应Uber在出行方式上的多种形式，规制应该采取更加灵活和具有试验性质的方式，直到市场的发展轮廓更加清晰和明了。Geradin（2015）提出了“临时牌照”的方式，认为规制者应该进行改革，如在不能确定是否让Uber准入的时候，可以给他们发放临时牌照，并利用Uber自身在线平台搜集到的数据进行相关分析，来判定Uber的介入是带来了交通的拥挤还是缓解了出行的压力。

无独有偶，2015年3月，英国商业、创新和技能部在回应一份《开启分享经济》研究报告时，发布了一份政府对策，其中就提到了

“分享城市”试点。英国政府决定 2015 ~ 2016 年在利兹市和大曼彻斯特区设立两个实验区，重点支持在交通、住宿和社会保障领域的共享尝试，如在利兹市成立一个网络共享平台，分享资产和服务，包括闲置的空间和设备，以及居民的各项专长和技能。

（二）针对隐私泄露、侵害消费者利益、滥用市场垄断地位行为等市场失灵加强监管，保护消费者利益

基于互联网新兴业态的特点，一些研究提出了互联网新兴业态发展过程中可能存在的市场失灵，并提出了监管机构可以采取的措施，主要如下。

其一，大量用户数据的搜集和使用带来的信息和隐私安全问题。布鲁金斯研究所在其《共享经济的当前和未来》报告中提出，监管机构在共享经济发展中所面临的挑战之一是用户信息数据泄露。由于使用的是线上 APP 提供服务，运营商可以通过隐私协议获取用户的各种信息，即便是不通过用户，也可以通过司机获取乘客的出行信息，甚至不需要告知用户。布鲁金斯研究所认为，用户数据不可进行销售，用户对数据使用拥有决定权，个人数据的使用需要从监管角度进行更深入的分析。

其二，消费者安全。布鲁金斯研究所在《共享经济的当前和未来》报告中还提出，安全问题是大家关心的另一个重要问题。传统监督模式显然并不适用于共享经济，如果出了问题谁来负责任？以 Arib-nb 为例，2011 年一位 Airbnb 户主就遭住户盗窃，2013 年一位住户在 Airbnb 的住房内一氧化碳中毒身亡。这些都是亟待解决的问题。

其三，防止滥用市场垄断地位行为。由于互联网新兴业态是一种

网络产业，容易出现垄断企业，防止企业滥用垄断地位的行为自然成了规制者应该关注的重点之一。Harding 等（2016）研究了出租车 APP 的使用对现有出租车市场及其规制的影响，提出监管者的关注点不应该在通过禁止出租车使用 APP 来维持现有的监管制度，而是应该将规制聚焦在解决未来可能出现的市场垄断和勾结行为上。

其四，补偿新兴业态对传统行业冲击带来的损失。也有部分学者认为，应该对新兴业态给传统行业冲击带来的损失进行补偿。如 Geradin（2015）提出，规则制定者需要考虑补偿因为 Uber 的准入而给传统出租车司机带来的损失。

当然，互联网新兴业态领域还存在其他一些可能发生的市场失灵需要加以规制，如兼职劳动者的权益保护、不正当竞争等。

（三）发挥网络平台的作用，协助参与规制

鉴于互联网新兴业态中网络平台的特殊地位和特点，不少研究认为政府规制应该充分发挥平台的作用，赋予其一定权限和责任协助参与规制，从而提高规制效率。由于网络平台制定交易规则，掌握交易双方的信息和交易记录，且能够利用网络建立信用机制使得平台上的交易主体能够互相监管，因此，平台在维护交易秩序方面具有非常大的便捷性。针对网约车等互联网新兴业态，唐清利教授提出了“合作监管＋自律监管”的模式，即政府可以与平台企业合作，政府制定目标和预期结果，由企业就如何实现这些目标和达成预期值具体制定解决方案和行业标准，另外将平台公司内部结构中既能实现预期目标又没有负的外部性的地方留给平台公司自律监管。

Molly Cohen 和 Arun Sundararajan2015 年发表的文章《共享经济的自我规制和创新》认为，共享经济推动了去中心化，需要新的规制框

架，建议将数字平台纳入规制合作范围，而非将其作为需要规制的不利因素。他们还认为，平台具有一定的自律机制，可以较好地实现自我监管。

布鲁金斯研究所在《共享经济的当前和未来》报告中提出，除了政府介入，服务提供商也可以采用自管制的解决方案，由利益攸关方联合管理，使服务水平保持稳定。对用户的风险教育也是自管制的一部分。

（四）充分利用数据进行研判，为规制提供科学支撑

互联网新兴业态发展过程中产生了大量的数据，这些数据蕴含着行业运行中的信息，监管机构可以利用这些数据为监管提供支撑。

英国商业、创新和技能部发布的发展分享经济对策中提到，应建立数据收集和统计制度。分享经济是一个新兴且快速发展的新业态，对其进行精确统计评估有很大的难度，英国政府因此让创新实验室（Innovation Lab）和国家数据办公室（Office for National Statistics）通力合作，统计和评估英国分享经济的发展规模和经济影响。此外，国家数据办公室还可以与外国数据机构合作，并提出分享经济细分市场发展的可行性报告。

布鲁金斯研究所发布的《共享经济的当前和未来》报告提出，共享企业和政府之间建立规制信任的一个有限途径可以通过共享数据和算法来解决。

我国学者荣朝和（2016）也认为，网络平台的数据能力及其内在贴近用户的特质，决定了其对服务质量的把控程度并不亚于甚至会高于政府标准，“互联网＋”新业态又同时包含了大量创新和不确定性，设想政府能够很快就把一切都规定到位完全不现实。因此，应与平台

企业合作，要求平台企业开放数据并实时接入城市监控系统，根据情况不断完善规制措施。

（五）建立并完善基于互联网的开放信用体系，为规制提供帮助

互联网新兴业态基于互联网的特点，为建立基于互联网的信用体系奠定了基础。社会信用体系引入互联网因素，使信用覆盖范围更广更深，因此，依托互联网完善社会信用体系可以为规制提供便利。

我国积极发挥互联网在社会信用体系完善中的作用，开展信用监管。我国各相关管理部门一直注重网络信用信息平台建设，2015 年底，我国建成了全国统一的信用信息共享交换平台——“信用中国”网站，整合了分散在各公共管理职能部门的信用信息。同时，我国积极鼓励社会互联网征信机构发挥作用。2015 年 1 月，中国人民银行印发了《关于做好个人征信业务准备工作的通知》，要求芝麻信用、腾讯征信、深圳前海征信、鹏元征信、中诚信征信、中智诚征信、北京华道征信等国内 8 家机构做好个人征信业务的准备工作。这标志着 8 家机构将获得央行的个人征信业务牌照，也标志着个人征信正式向互联网公司开放。此前，提供个人征信服务的仅中国人民银行征信系统一家。如今，个人征信系统放开，且基于网络的信用几乎囊括了生活的方方面面，在此过程中的行为是否诚信都将有据可查。蚂蚁金服首席信用数据科学家俞吴杰说：“互联网发展给个人征信行业带来了跳跃式的发展。随着互联网的发展，人的行为变成 24 小时可记录。”

英国商业、创新和技能部发布的发展分享经济对策中提到，应开放政府身份核实系统（GOV. UK Verify）和犯罪记录查询服务（Disclosure and Barring Service）。信用体系是分享经济网上交易进行的基

石，英国政府正在与银行、移动网络运营商等协商，逐步对包括分享经济平台在内的私人经济部门开放政府的身份核实系统。此外，向分享经济平台开放犯罪记录查询服务，英国政府承诺实现网络查询，并降低查询的手续和费用。

第三章

互联网新兴业态规制难点及可能存在的市场失灵

互联网新兴业态的创新发展对传统政府管理模式带来了挑战，政府需要在促进创新的同时采取相适应的规制措施，防范产业发展风险。本章主要分析互联网新兴业态的规制难点和需要规制的一些共性问题。

一、规制的难点

互联网新兴业态既具有新兴业态的特点，又具有互联网的独特特点，这使得对其规制提出了新的要求。面对互联网新兴业态的快速发展，政府部门对其规制存在迟缓、不适应、不到位等问题，主要是因为规制过程中会遇到以下困难，或者说存在以下难点。

（一）互联网新兴业态发展引发各方利益冲突大，规制中难以综合平衡各方利益

新兴业态与传统业态存在竞争关系，其发展触动了传统行业甚至相关管理部门的利益，若遇到“话语权”大的利益集团，则可能引发

各方激烈的利益博弈。一些利益集团从自身利益出发对规制提出诸多不同的要求，加大了取得一致规制的难度。以网约车为例，网约车公司和司机获得利润和收入，希望放宽规制，加快发展；用户大多获得了更加便捷的出行服务，希望利益得到保护，确保舒适便捷的服务；对于出租车牌照持有者而言，网约车的加入，使得牌照价格大幅下降，利益受损，要求阻止新兴业态发展；对于出租车司机而言，大量私家车涌入市场，行业竞争加剧，利益受损，也要求限制网约车发展；对于规制部门而言，由于网约车发展初期没有统一的规制标准，传统规制方式难以适应，一些规制部门被迫采取钓鱼执法、蹲点执法、暴力执法等非常规方式，使得政府部门形象受损，不愿意支持网约车发展；对于行业主管部门和各级政府而言，出租车罢工停运事件以及出租车司机与网约车司机发生的群体性纠纷事件带来了巨大的维稳压力，缺乏充足动力支持网约车的发展。因此，尽管网约车发展为社会提供了更加便捷的出行服务，总体上有利于提高全社会资源配置效率，但由于触动了相关主体的利益，规制需要综合平衡各方的利益，从而加大了制定规则和实施的难度。在制定网约车这一新兴业态的规制规则过程中，各类主体以各种方式表达自身的利益诉求，进行利益博弈。另外，一些新兴业态的发展需要管理部门进行改革和“瘦身”，涉及“革”规制部门的“命”，所以取得合理有效规制规则的难度就更大。如“智慧交通”可能就意味着交管部门的“下岗分流”，触动了交管部门的利益，使得其缺乏制定合理规制规则、主动适应此类新兴业态发展的积极性。

（二）互联网新业态发展速度快，而法律法规修订需一定周期导致规制出现模糊、真空地带而产生不适

新兴业态一般具有新的特点，通常需要修订原有法律法规来适应

其发展。但法律法规的修订需要一定周期，特别是互联网新业态创新发展速度快，导致其发展初期出现一些模糊、真空地带，规制部门缺乏明确依据，若采用原规定“生搬硬套”，则会出现不适应问题难以规制。比如，网约车在被国家相关法规确认之前，某些地方执法部门套用传统出租车标准，将其定义为“非法营运”，实际上网约车与原非法营运车有很大的不同，因此，规制部门的做法受到广泛争议。

（三）互联网新兴业态发展对规制能力提出了更高的要求，规制能力不足易导致规制不到位

新生事物的出现意味着新知识的产生，需要管理部门更新传统认识，学习新知识，提高规制能力。互联网新兴业态同样如此。当前，互联网新兴业态快速发展中出现的一些问题，暴露出了政府规制水平和能力的滞后，亟须政府管理部门和执法机构提高规制能力。面对“互联网+”，我国规制部门在人才队伍建设、法制建设、规制职能划分、规制方式等方面均面临挑战（王萌萌，2016）。就人才队伍建设而言，“互联网+”要求规制人员掌握一定的技术，但是当前我国规制人员技能单一、复合型人才缺乏，难以提供智力保障。就法制建设而言，传统法规难以适应互联网新兴业态。以电信行业为例，《互联网信息服务管理办法》颁布于2000年，而当前新兴业态发展迅猛，电信行业规制问题较为复杂且更为专业，以传统行业法律去解决新兴业态市场规制问题，难以保障市场秩序。就规制职能而言，“互联网+”跨界和跨时空的特点，打破了传统意义上以行业和属地为管理权边界的规制方式，要求管理部门重新调整权责边界划分。就规制方式而言，当前的行政审批方式注重事前规制，轻事中事后规制，而互联网新业态要求更加重视过程规制。以2016年“3·15”曝光的互联网外卖平

台“饿了么”为例，该行业特点是将线下一些餐饮店通过网络平台对外售卖，由于网络订餐平台入驻商家数目大，且增加了网络平台环节，涉及业务链条变长，规制难度增大，规制部门一时难以企及，出现了不少“苍蝇馆子”。外卖平台发展不规范以及食品安全问题需要食药监、质监和工商等规制部门加强规制。

（四）互联网新兴业态发展中潜藏的风险大，规制部门面临承担规制不力责任压力容易采取过严规制措施

新兴业态发展是创新的过程，创新意味着不可预知和不确定性，这其中潜藏着风险，风险若爆发必然会对社会造成不良影响。规制部门负有规范行业发展的职责，社会往往也会将行业发展风险管理归责于规制部门。因此，规制部门在面临可能承担规制不力责任的压力下，通常会选择过度规制策略甚至“扼杀”新兴业态发展。

以互联网金融行业为例，近年来伴随着P2P网贷、余额宝的迅猛发展，互联网金融规模越来越大，面临的风险也越大，这引起了立法机构和规制部门的广泛关注。最高人民法院委托开展的课题报告《我国互联网金融发展情况、立法规制与司法应对》提到，互联网金融行业存在如下风险：一是技术风险。受制于互联网技术的发展，网络技术安全与互联网金融能否有序运行密切相关，网络环境不安全，经济社会的不稳定因素增加。二是经营风险。互联网金融的虚拟性及地域开放性使得其经营活动不受传统服务网点的限制，加大了规制难度。三是法律风险。互联网金融规制立法滞后、模糊，给洗钱、诈骗、非法集资等违法犯罪行为提供了便利。技术风险、经营风险、法律风险共同存在，这些风险一旦爆发，势必对经济社会发展造成恶劣影响。2015年以来，以P2P倒闭风潮为代表的互联网金融风险事件爆发，形成不良的经济和社会影响，迫使规制部门出台严格措施予以整治。2016 年 4 月，国务院组织 14 部委启动在全国范围内开展为期一年的互联网金融领域的专项整治运动。

再以医疗行业为例，在国家政策和社会热点的催化下，“互联网 + 医疗”如火如荼地发展起来，医疗服务当中一号难求、医患沟通缺失等诸多痛点催生了“春雨医生”等移动医疗 APP。但由于医疗资源的信息不对称，使得一些医院通过网络进行虚假宣传，吸引病人就诊，一些医院为谋利有可能做出危及病人身体健康甚至生命安全的诊疗方案。2016 年“魏则西事件”使得网络广告中存在的问题被曝光。医疗行业的特殊性和社会公众施压，督促有关部门组织调查组进驻百度调查。“互联网 + 医疗”行业的特殊性，使得政府部门在面临该行业发展风险时，容易采取过度的处理措施，但过度监管并不利于行业长期发展。

（五）互联网新兴业态具有一系列新的特点，传统规制方式难以适应

互联网新兴业态具有不同于传统业态的一些新特点，如互联网物流新业态具有参与者分布广泛分散、业态跨界融合、组织边界模糊、就业灵活非正式等特点。因此，适应传统业态的规制方式难以适应互联网新兴业态，主要表现如下。

一是互联网新兴业态具有跨地域的特点，传统的属地管理方式难以适应。传统的政府规制按照属地配置规制权，但互联网新兴业态天生具有跨越地域的特点，传统政府规制方式难以适应互联网新兴业态的发展。在互联网约车出现之前，传统规制体制下的出租车公司必须在业务开展地设立分支机构。现实中，我国最大的互联网约车平台

"滴滴出行"在全国300多个城市开展业务，但其本质是互联网信息服务商，其服务并不依赖于物理营业网点，因而没有必要在所有业务开展城市设置分支机构。互联网所具有的空间虚拟性使得互联网企业的服务具有跨地域的特点，传统属地规制方式必然使得互联网公司经营优势大打折扣。

二是互联网新兴业态具有跨界融合的特点，传统的分部门、分行业规制方式难以适应。传统的行政规制体制依行业设置，特定行业对应特定行政主管部门，特定行业的行政规制体制适应特定行业特征，但互联网产业具有跨界融合的特点，涉及多个行业，在传统分行业规制体制下，必然导致多部门交叉管理，统筹协调困难。例如，交通行业设立交管局和车管所等，金融行业设立银监会、保监会、证监会等。一些传统行业的互联网新兴业态如互联网金融、网络约车等的业务管理，至少涉及信息服务管理部门、行业主管部门。而一些公司依托互联网开展多个行业的服务，如一个互联网公司可以同时提供零售服务和医疗服务等，则涉及更多的行业主管部门。在这种情况下，到底由哪个部门来主管存在争议。

三是互联网新兴业态具有分散程度高的特点，传统的资质准入制度难以适应。互联网新业态发展很快，且以个体形式参与较多，具有"人人参与"的特点，使得创业人数呈几何级数增长，规制对象由此迅猛增长。例如，淘宝网上有约1000万卖家，滴滴出行公司拥有1500万名网约车司机。而行政执法是国家行政机关公职人员依照法定职权和程序行使行政管理权，法律法规对公职人员的资质设定了严格规定，行政执法部门所掌握的资源受到严格限制，互联网新兴业态的快速发展使得规制部门面临规制资源赶不上规制对象增长的困境。传统通过设立准入门槛、以管企业为主的规制方式在面对大量个体时也不再适应，会拖缓新业态进入市场的最佳机遇。

四是传统按线下行为制定的规制规则存在难以适应线上行为之处。线上具有虚拟性，行为时空分离、非面对面交易、网络协作分享等一些网络社会独有的行为特征，使得传统用来约束线下行为的法律法规难以适应线下行为线上化规制的需要。例如，在线问诊主要通过医疗 APP 和社交 APP（如微信、QQ）实现，作为一种非现场医疗，患者只能通过在移动 APP 用文字或照片描述病情，医生在没有接触患者的情况下作出诊断，很容易发生误诊。此外，在线医疗难以保证提供诊疗服务的就是医生本人，患者维权很难保证。此外，在互联网医疗模式下，医疗纠纷不仅存在于传统医疗模式下的医患双方，也存在于互联网医疗模式下的医患和第三方平台之间。因此，传统的医疗监管制度难以对在线问诊进行规范，需明确互联网服务提供者与医疗机构和执业医师之间的职责划分、业务规则，加强对执业医师的资质审查。

二、可能存在的市场失灵

互联网新兴业态可能出现市场失灵而需要规制的问题大致分为三类：第一类是“互联网 +”的传统业态本身的规制问题；第二类是互联网的共同的规制问题；第三类是“互联网 +”形成的新业态、新模式引发的规制问题（陈越峰，2017）。由于传统业态的规制已有相关研究，互联网的规制问题不是互联网新兴业态的特有问题，因此本文主要研究第三类规制问题，以及一些因互联网而加剧了的传统问题或对新兴业态影响较大的问题。互联网新兴业态多种多样，不同类型行业需要规制的问题也不尽相同，但由于其均是基于互联网的商业模式、产品或服务创新，也面临一些共同的问题。

（一）网络效应使得互联网企业容易形成市场支配地位，需谨防滥用市场支配地位的行为

互联网行业由于网络效应，极易形成一些占据市场支配地位的龙头企业，尤其是一些网络平台企业。互联网领域存在“721”法则，从统计数据看，各业务领域中第一名大都占据70%以上市场份额，第二名仅占据20%份额，剩余10%的份额由多家小企业分食，这一法则已在搜索引擎、社交网络、电子商务等领域得到广泛验证。企业拥有市场支配地位后，容易出现滥用市场支配地位限制或排除市场竞争的行为。特别是在大数据时代，不排除一些大型企业基于其拥有的大量数据，定向实施反竞争性歧视行为的可能（马骏，2016）。我国互联网市场已经出现了滥用市场支配地位的现象，如前几年的“3Q”大战、“3B”大战、“3狗”大战等。习近平总书记2016年4月在网络安全和信息化工作座谈会上的讲话指出：“当前，我国互联网市场也存在一些恶性竞争、滥用市场支配地位等情况，中小企业对此意见不少。这方面，要规范市场秩序，鼓励进行良性竞争。”当然，互联网领域具有跨界竞争等特点，依据实物经济构建的反垄断原则在平台市场中不一定总是适用（江小涓，2016）。需要根据网络产业发展规律和特点，完善规制滥用垄断地位行为的相关法规。

（二）网络侵权及不正当竞争行为严重，需加强规制

互联网是一把“双刃剑”，在给社会带来便捷的同时，也为一些不法分子带来了可乘之机。随着互联网的发展，一些企业或个人利用互联网侵犯他人利益，或是利用互联网采取不正当竞争方式，扰乱了

市场竞争秩序。根据最高人民法院的统计，我国互联网领域的不正当竞争案件显著增加，仅2015年，法院新收不正当竞争案件民事一审案件2181件（其中垄断民事案件156件），同比上升53.38%。其中，涉及互联网的不正当竞争案件数量持续增长，因网络应用的专利侵权、商标侵权和计算机软件侵权等知识产权侵权案件越来越多。在互联网环境下，侵权容易而规制困难，同时，反不正当竞争也出现了一些新情况、新问题，对《反不正当竞争法》提出了挑战。

一是利用互联网侵犯知识产权。利用互联网侵犯知识产权具有成本低、获利快、隐蔽性强等特点，我国互联网侵犯知识产权事件层出不穷。网络侵权的特点决定了规制的困难。第一，实施简单易行。基于网络的普及，侵权行为可以发生在任何时点。第二，后果即时发生。借助于网络的高速运转，侵权内容可以被任何人复制和转发。第三，侵权主体众多，确定责任人困难。网民知识产权保护意识淡薄，侵权主体众多。第四，难以确定司法管辖。由于网络的虚拟性，按照传统地域划分管辖权难以对网络侵权行为进行规制（董新蕊、朱谨，2015）。当前，我国对互联网侵权的立法还停留在指导阶段，2009年通过的《侵权责任法》第三十六条将互联网侵权纳入我国民事侵权法律体系。但是该条款过于简单，难以解决现实问题，缺乏针对知识产权保护的互联网领域专门立法。

二是互联网为传统不正当竞争行为提供了新手段，增加了传统不正当竞争行为态样。例如，利用网络进行虚假宣传，雇佣“网络水军”，假冒某种产品或服务的受益者，大肆宣传该产品或服务的好处，或进行恶意评价，误导消费者，域名仿冒和网页仿冒增加了仿冒行为的新态样。

三是出现了不正当竞争行为的新类型。这些新类型的不正当竞争行为游离于《反不正当竞争法》明确规定的六类行为之外。当前，典型的新型互联网不正当竞争行为主要有两种：一是恶意干扰行为，如以存在安全风险为由干扰他人软件的安装、运行行为；二是“搭便车”行为，可以分为网站搭便车行为和搜索引擎搭便车行为。典型的网站搭便车行为是不正当的超文本链接；典型的搜索引擎搭便车如在浏览器中设置元标记、关键词，当用户使用网上搜索引擎查找他人网站时，向计算机输入相似关键词，设置元标记行为人的链接就会出现在搜索结果中。上述行为的本质都是利用他人网站或网页上的信息来丰富自己网页的内容，以此增加行为人网站的访问人数，实际上是一种盗用他人劳动成果的“搭便车”行为。

对于网络侵权行为，一方面，需更新法律法规将新型侵权形式纳入。有学者指出，1993 年颁布实施的《反不正当竞争法》较现实情况滞后，亟待修订和完善。对于新兴网络侵权行为，如非法影视下载、微博著作权侵权、文档免费共享等，立法机构在更新法律法规时应予以考虑。另一方面，应加强对网络侵权行为的规制力度。网络侵权复杂隐蔽、取证难，亟须增强行政执法队伍建设，加强对网络侵权行为的打击力度。

（三）互联网新兴业态涉及大量个人数据，对个人隐私保护提出了挑战

随着信息技术的发展和大数据时代的到来，用户使用和共享数据在给企业带来商机的同时，也对个人隐私保护提出了挑战。大数据在给人们生活带来便捷的同时，也使得个人的隐私泄露频繁发生，严重威胁到人们的生命和财产安全。例如，近年来借助网络，校园贷平台飞速发展，曾有一名因无力偿还网络贷款最终跳楼自杀的大学生正是

利用全班30多名同学的个人、家庭信息从多个网贷平台获得高额贷款。个人隐私泄露和网贷平台审核制度不规范给借款人和网贷平台带来了巨大损失。因此，应该对互联网上的个人信息进行保护，以防隐私泄露。

（四）网络具有快速传播效应，能够放大传统行业发展中存在的风险

网络覆盖范围广，能够非线性的快速传播信息，并通过交互作用，产生放大效应。因此，当互联网与传统行业融合后，一些传统行业发展中存在的风险，在网络的快速传播和交互作用下，通常被放大从而产生严重影响。例如2015年底查处的“e租宝”事件，就是通过网络进行非法集资。该公司利用网络的快速传播效应进行虚假宣传，一年半内非法吸收资金580多亿元，受害投资人涉及90余万人、遍布全国31个省市区，涉案金额和范围远远超过传统的非法集资案件。受网络放大效应的影响，现实社会中的一些风险被放大的事件层出不穷，给社会发展造成了伤害，严重影响了互联网新兴业态的发展。

我国互联网新兴业态规制现状及存在的问题

面对互联网新兴业态发展带来的风险和问题，我国相关监管部门采取各种方式积极应对、控制风险，取得了一定成效。互联网新兴业态创新发展速度快，对监管部门的规制要求相对也较高。本章对我国互联网新兴业态规制现状和存在的问题进行总结。

一、规制现状

经过多年的探索，我国在互联网新兴业态规制方面取得了很大的进步，主要做法如下。

（一）从被动规制向积极规制转变，鼓励创新发展

在互联网新兴业态发展初期，相关部门由于缺乏新业态管理经验，一般是等到行业发展时间较长、出现一定风险后才开始考虑规制，并采取较为严格的监管措施。例如，电子商务经过多年发展壮大后，工商管理部门为加强网店监管，一度想仿照网下实体店模式，要求网

店注册，如北京市工商局2008年7月公布了《关于贯彻落实〈北京市信息化促进条例〉加强电子商务监督管理的意见》，规定8月1日起北京地区的网店经营者从事买卖前必须先注册营业执照，否则将被工商部门查处。由于在实际执行中受到反对，其他地方工商管理部门放弃了该做法，最终国家工商总局于2010年5月发布了《网络商品交易及有关服务行为管理暂行办法》，改为“具备登记注册条件的，依法办理工商登记注册”。又如电子商务支付体系第三方支付业务，从阿里巴巴2003年创建“支付宝”起开始快速发展，直到2010年，第三方支付业务交易规模超过万亿元，也出现了一些无序竞争的现象，面临一定风险。此时，中国人民银行发布了《非金融机构支付服务管理办法》，对第三方支付行业进行规范，提出了第三方支付业务的准入门槛，要求包括第三方支付在内的非金融机构在2011年9月1日前申领支付业务许可证。再如，2012年网约车开始兴起后，全国各地政府部门大部分不愿意接受，以“非法营运”予以查处。经过数年讨论后，交通部于2016年7月出台了《网络预约出租汽车经营服务管理暂行办法》，承认了网约车的合法地位，之后各地出台实施细则，大都进行严格管理。

当前，我国监管部门更加积极规制互联网新兴业态，规制措施出台速度更快，并鼓励互联网新兴业态发展。例如，共享单车于2015年出现，2016年开始发展，各地监管部门积极接受，并未按相关规章、准入标准等严格查处。2017年8月，约两年时间，交通运输部就会同其他部门出台了《关于鼓励和规范互联网租赁自行车发展的指导意见》，针对市场中出现的苗头性问题予以规制，积极推动共享单车发展。从网约车到共享单车，政府规制反应速度更快，从被动接受向更加积极鼓励创新转变。当前，共享汽车正在发展初期，尚未有资本大规模投入，监管办法即将出台。2017 年 8 月，交通运输部、住房和城乡建设部出台了《关于促进小微型客车租赁健康发展的指导意见》，鼓励分时租赁发展，并针对运营企业、用户都提出了相应的监管要求。相比于此前网约车和共享单车监管政策出台的步调，监管部门此次对于共享汽车的反应更加迅速。国家更早地出台监管政策有利于引导行业健康、理性发展，一定程度上可以避免出现行业无序发展所引发的问题。

（二）分类监管，把控风险

互联网新兴业态门类众多，各行业也存在一些不同特点，社会影响大小也不同，我国采取了分类监管的方式，以把控风险。国务院发布的《2016 年推进简政放权放管结合优化服务改革工作要点》提出，对新技术、新产业、新业态、新模式的发展，要区分不同情况，积极探索和创新适合其特点的监管方式，既要有利于营造公平竞争环境，激发创新创造活力，大力支持新经济快速成长，又要进行审慎有效监管，防范可能引发的风险，促进新经济健康发展。对看得准的基于“互联网 +”和分享经济的新业态，要量身定制监管模式；对一时看不准的，可先监测分析、包容发展，不能一下子管得过严过死；对潜在风险大的，要严格加强监管；对以创新之名行非法经营之实的，要坚决予以打击、加强监管。实践过程中也是如此，针对不同行业，管理部门采取了有区别的做法。

一是对于风险和社会影响较小的行业，采取了宽松监管方式，如电子商务、互联网餐饮、众包物流等互联网新业态。在电子商务发展初期，我国相关政府管理部门并未做过多监管，采取了边发展边规范的方式，在促进行业快速发展的同时并未引发大的社会问题。在互联网餐饮行业发展初期，政府出于简政放权以及呵护共享经济发展的考虑，并没有做出过多干预，使得这一新兴业态在短期内获得快速发展。随着移动互联网时代的到来，越来越多的餐饮、零售企业实现了线上与线下的无缝对接和深度融合，同城配送尤其是末端的“最后 3 公里”业务订单量日益激增，传统物流行业越来越难以处理每天如此庞大的业务单量，而自建物流又面临成本过高的问题，于是以信任为基础的众包物流模式成了解决同城配送的方式，即把原由企业员工承担的配送工作，转交给企业外的大众群体来完成。但按照我国《邮政法》规定，企业要从事快递业务，必须取得快递业务经营许可证。同时，个人要从事快递员职业，需要参加邮政部门组织的培训，并考取《快递员从业资格证书》才可以上岗。而众包企业的“快递员”多数并不具备这个资质，也未取得上岗资格。对此，相关监管部门采取了宽松监管的方式，并未予以取缔。

二是对潜在风险和社会影响大的行业，严格加强监管，如互联网药品交易、互联网医疗、互联网金融、网络直播等。

对于互联网药品交易，我国采取了试点、小步推进的监管方式。食品药品监督管理总局（以下简称“食药监总局”）于 1999 年 12 月发布了《处方药与非处方药流通管理暂行规定》，规定处方药、非处方药暂不允许采用网上销售方式。2000 年 6 月，食药监总局发布《药品电子商务试点监督管理办法》，在广东省、福建省、北京市、上海市 4 省市开展药品电子商务试点工作。2005 年 9 月，食药监总局发布《互联网药品交易服务审批暂行规定》，有条件地放开对互联网药品交易的审批，但只能在网上销售非处方药。2014 年 5 月，食药监总局发布了《互联网食品药品经营监督管理方法（征求意见稿）》，取得相应资格证书的互联网平台可以售卖处方药，还可以由第三方物流配送平台进行药品或医疗器械的配送，将第三方交易资格审批权下放至省级药监部门。2017年1月，国务院发布的《关于第三批取消中央指定地方实施行政许可事项的决定》，取消了互联网药品交易服务企业（第三方平台除外）审批和互联网药品交易的B证、C证审批。

对互联网医疗的监管方式与互联网药品交易基本相同，也采取了十分谨慎的态度。国务院于2001年1月发布《互联网医疗卫生信息服务管理办法》，规定不得从事网上诊断和治疗活动，利用互联网开展远程医疗会诊服务，只能在具有《医疗机构执业许可证》的医疗机构之间进行。2014年8月，国家卫计委发布《关于推进医疗机构远程医疗服务的意见》，积极推动远程医疗服务发展。2015年1月，国家发展改革委办公厅、国家卫计委办公厅发布《关于同意在宁夏、云南等5省区开展远程医疗政策试点工作的通知》，选取贵州、内蒙古、宁夏、西藏、云南5省区进行远程医疗试点。2016年6月，国务院发布《关于促进和规范健康医疗大数据应用和发展的指导意见》，提出全面建立远程医疗应用体系。

互联网金融风险大，监管更加严格。自2014年互联网金融风险爆发以来，各监管机构密集出台政策，规范互联网金融各子行业的准入标准、业务范围、投资规范、风险控制（见表4－1）。

表4－1　　2014～2017年互联网金融行业监管政策

序号	时　间	文　件	发布者
1	2014年1月	《关于加强影子银行监管有关问题的通知》	国务院办公厅
2	2014年4月	《关于加强商业银行与第三方支付机构合作业务管理的通知》	银监会、中国人民银行
3	2014年12月	《私募股权众筹融资管理办法（试行）（征求意见稿）》	证监会

续表

序号	时　间	文　件	发布者
4	2015 年 1 月	《关于做好个人征信业务准备工作的通知》	中国人民银行
5	2015 年 7 月	《关于促进互联网金融健康发展的指导意见》	中国人民银行等 10 部委
6	2015 年 7 月	《互联网保险业务监管暂行办法》	保监会
7	2015 年 8 月	《最高人民法院关于审理民间借贷案件适用法律若干问题的规定》	最高人民法院
8	2015 年 12 月	《非银行支付机构网络支付业务管理办法》	中国人民银行
9	2016 年 4 月	《互联网金融风险专项整治工作实施方案》	国务院办公厅
10	2016 年 4 月	《关于加强校园不良网络贷款风险防范和教育引导工作的通知》	教育部办公厅、银监会
11	2016 年 4 月	《P2P 网络借贷风险专项整治工作实施方案》	银监会
12	2016 年 4 月	《开展互联网金融广告及以投资理财名义从事金融活动风险专项整治工作实施方案》	工商总局
13	2016 年 4 月	《互联网保险风险专项整治工作实施方案》	保监会
14	2016 年 4 月	《非银行支付机构风险专项整治工作实施方案》	中国人民银行等 14 部委
15	2016 年 8 月	《网络借贷信息中介机构业务活动管理暂行办法》	银监会等 4 部委
16	2016 年 10 月	《股权众筹风险专项整治工作实施方案》	证监会
17	2016 年 10 月	《通过互联网开展资产管理及跨界从事金融风险专项整治工作实施方案》	中国人民银行
18	2016 年 10 月	《互联网金融信息披露个体网络借贷》	中国互联网金融协会

续表

序号	时　间	文　件	发布者
19	2016 年 10 月	《关于开通互联网金融举报信息平台的公告》	中国互联网金融协会
20	2017 年 2 月	《网络借贷资金存管业务指引》	银监会

资料来源：根据政府网站等公开信息整理。

网络直播社会影响大，我国同样采取了严格监管的措施。由于网络直播具有社会影响，深刻影响着社会意识形态的发展，相关部门针对网络直播中存在的一些危害社会风气和公共秩序等问题，进行了严密的监管。仅 2016 年一年，相关管理部门就出台了数个加强网络直播平台监管的文件，文化部和公安部还分别于 2016 年 4 月和 8 月开展了针对互联网直播平台的专项整治行动。2016 年 9 月，国家新闻出版广电总局下发了《关于加强网络视听节目直播服务管理有关问题的通知》，要求从事互联网视听节目服务的单位必须获得国家新闻出版广电总局颁发的《信息网络传播视听节目许可证》才能开展业务，且必须是注册资本在 1000 万元以上的国有独资或国有控股单位。2016 年 11 月，国家互联网信息办公室发布《互联网直播服务管理规定》，规定互联网直播服务提供者应当对用户进行真实身份信息认证，对发布者进行基于身份证件、营业执照、组织机构代码证等的认证登记，互联网直播服务提供者应向所在地省、自治区、直辖市互联网信息办公室分类备案。2016 年 12 月，文化部印发《网络表演经营活动管理办法》，要求网络表演经营单位应申请取得《网络文化运营许可证》，不具备内容自审及实时监管能力的，不得开通表演频道；经营单位应要求表演者使用有效身份证件实名注册，并采取面谈、录制通话视频等有效方式进行核实。

三是对以创新之名利用互联网开展非法经营的活动，给予坚决打击。2016 年 4 月 19 日，习近平总书记主持召开网络安全和信息化工作座谈会时指出，要加快网络立法进程，完善依法监管措施，化解网络风险，并提到“e 租宝”“中晋系”案件打着“网络金融”旗号非法集资，给有关群众带来严重财产损失，社会影响十分恶劣，指出在发展新技术新业务时，必须警惕风险蔓延。

（三）以网管网，增强监管能力

在监管互联网新兴业态过程中，相关监管部门大力发挥互联网技术的优势，以网管网，既缓解了监管资源有限的局面，又提高了监管的能力，取得了较好的效果。

例如在电子商务行业，工商管理部门针对网络交易违法行为隐蔽性强、技术含量高、查处难度大等特点，于 2010 年开始启动网络商品交易监管信息化平台建设工作，并于 2013 年上半年基本建立起以国家工商行政管理总局平台为中心、以各省级工商局平台为支撑的全国一体的网络商品交易监管信息化系统，努力实现“以网管网”，提升了工商部门网络监管效能。国家工商总局还充分发挥互联网广告监测中心的作用，以网管网，实现对 1000 家主要网站广告的日常监测。

又如在网上监管中，宁波市采取了“以网管网”的监管方式，大大提高了监管效率。2016 年下半年，宁波市市场监管局在全国率先开发、试点“网络订餐监控大数据抓取分析监管系统”，系统通过运用大数据采集和图片识别技术，24 小时自动采集，保存和识别网络订餐平台所有目标商户的经营信息（包括营业执照、许可证、店铺名、地址、经营餐品、销量等），并自动与监管部门证照许可信息进行比对，达到用智能化的技术手段来实现监管的目的。由于该系统能精准、快速、持续地识别出订餐平台上商家缺证、假证、证件超时限、经营超范围等违规信息，并能自动地标注违规单位的地理位置，便于线下执法查处，从而大大提高了监管的效率和精准度，真正实现“以网管网”的目的。过去审核查取一个经营户需2个人花10分钟，现在利用网络信息技术，在1小时内可同时对9000余家经营户进行审核，效率明显提高。据统计，2016年，通过线上辅助监测、线下实地调查等多种方式，宁波市下线了无证网络餐饮单位1200多家，督促整改存在问题的餐饮单位971家，取缔无证入网餐饮单位270家，受理和处理投诉举报63件，立案查处违法案件49起，罚没款超过91万元。

二、规制中存在的问题

与培育壮大新动能、促进新兴业态创新的需求相比，我国对于互联网新兴业态的规制还存在一些不足，主要存在如下问题。

（一）用传统监管方式套用互联网新兴业态，难以适应互联网新兴业态发展

互联网新兴业态具有一系列新的特点，但受路径依赖的影响，监管部门容易套用传统业态的规制框架和方式来实施监管，“削足适履”难以适应新业态发展。

第一，互联网新兴业态改变了传统行业准入门槛，原行业准入标准需调整。互联网与传统行业融合会改变传统行业原来设定准入门槛时存在的一些因素，使得政府部门有必要相应调整行业准入门槛，以适应新形势下的市场需求。互联网技术的应用大大缓解了信息不对称问题，降低了交易成本，交易突破了空间限制，这些新特征可能使得原来制定的行业准入标准变得不合理或难以达到原先的政策目标，从

而需要调整行业的准入标准。比如说传统出租车行业，对其实施规制主要考虑一是巡游式出租车的司机相对于乘客具有垄断性优势，容易对乘客权益进行侵害，二是出租车数量上升所带来的道路拥堵与环境污染。传统出租车以巡游方式揽客，对道路资源占用严重，如果放任发展，出租车数量会无节制增长，直至道路资源被耗尽。因此，政府的一般做法是对传统出租车的数量和价格进行规制。而网约车不同于传统出租车，对传统出租车行业采取准入控制时考虑的一些风险因素不再明显。一方面，网约车不是靠巡游来揽客，而是采用以卫星导航、位置服务和手机通信等技术手段为基础的移动互联网技术进行司机与乘客匹配，基本避免了车辆空驶导致的对稀缺道路资源的无谓占用。另一方面，网络技术的应用，使得以前由政府承担的对于出租车司机侵犯乘客权益的监管可以由乘客对司机的即时反馈来完成，对乘客的人身财产安全也更有保障。另外，网约车也不会出现传统出租车领域中的“过度竞争”问题。传统出租车的车辆被相关管理制度固化于准运牌照之上，不可他用；司机作为职业人士被固化于工作岗位上，不得他谋。网约车的车辆和司机都属于“兼职”性质，只有当市场有需求，并通过网络平台的撮合与乘客达成运输合同时，司机才成为经营者，车辆才成为运营车辆。由于进入市场的成本低，不存在准运牌照这一市场退出的负担，因此，当市场供大于求、竞争过于激烈时，网约车随时可以退出市场，而不必非以降低服务质量的方式去参与所谓的过度竞争。因此，网约车出现后，出租车行业准入标准应及时做出更新和调整。

再如 P2P 网贷，P2P 网贷是互联网与民间金融结合的产物，相对于传统金融服务，P2P 网贷突破了传统熟人借贷的限制，具有广泛参与、交易灵活、风险和收益双高的特点（周猛，2016）。一方面，P2P

网贷可以给个人和小微企业提供急需资金，降低个人借贷门槛，拓宽小微企业融资渠道。另一方面，投资者门槛降低使P2P网贷集中了公众大量的闲散资金，一旦网贷平台经营管理不善、资金链中断甚至是成立之初就以诈骗为目的，就容易爆发风险性事件。相对于传统金融机构，规制部门对网贷的股东背景、注册资本和从业人员资质没有明确规定，平台“跑路”更加容易，“跑路”风潮爆发会严重影响P2P行业秩序甚至金融行业稳定。因此，需要行业规制部门针对P2P网贷特点合理设定市场准入门槛，将普惠金融和风险控制有效结合起来。

第二，在市场准入方面注重行政手段，市场机制建设较少，“重事前审批，轻事中事后监管”。我国正处于转型阶段，政府职能未能转变到位，行政管制较多，市场机制运用较少。为了避免无序竞争，政府常常以控制企业数量的方式设置准入门槛，导致后来者无法参与行业竞争，一定程度上阻碍了创新。例如，一些企业反映，央行收紧第三方支付牌照发放，企业只能以收购方式获取互联网金融牌照。而有些先期拿到牌照的企业却并未开展相关业务，只依靠出售牌照就可以获得巨额收益。

第三，采取传统行业监管方式，难以适应新技术新业态发展。互联网新兴业态具有线上线下融合、跨行业、跨地域的特点，但一些监管部门仍按传统业态准入要求、分行业、属地管理的监管方式，难以适应互联网新业态发展。例如2010年12月，新闻出版总署下发《关于促进出版物网络发行健康发展的通知》，规定网上图书批发需要50平方米的营业面积。该规定未考虑网络销售无实体店铺的特点，对其采取与实体店铺相同的监管要求，或者认为网店商品的质量保证不及实体店，简单采用设定更高准入门槛的办法来解决，线上书店设置线下营业面积的要求增加了经营者负担。又如，互联网金融突破了传统金融的服务边界，跨地域、跨行业提供一体化服务，以“蚂蚁金服”为例，以“支付宝”为基础，理财方面有“余额宝”和“招财宝”，信贷方面有“蚂蚁花呗”，征信方面有“芝麻信用”，众筹平台有“蚂蚁达客”，虚拟银行有“浙江网商银行”，实现了互联网金融领域的全覆盖。这给当前按照行政区域划分、分子行业监管的金融监管体制带来了挑战，如果按传统监管方式，可能会扼杀互联网金融跨界整合资源等优势。

（二）规制范围超出市场失灵领域，影响市场资源配置效率

规制是为了解决市场失灵的问题，一般来说，由于市场优化配置资源效率更高，市场能够解决的问题，最好由市场来解决。在互联网新兴业态规制过程中，存在规制范围超出市场失灵领域、过度干预市场的现象。例如，在网约车规制过程中，对车辆安全性进行规制有所必要，是为了防止质量不可靠的车辆进入市场运营，影响乘客人身安全，但我国一些地方还对户籍、车轴距离、车牌属地等一些非市场失灵领域进行了规制。据统计，截至 2017 年 5 月底，73 地的《网络预约出租汽车经营服务管理实施细则》中，超八成要求网约车驾驶员有本地户籍或居住证，九成要求网约车为本地号牌或本地登记注册，40 多个城市对网约车轴距提出标准，并给出了网约车“指导价”。例如，《北京市网络预约出租汽车经营服务管理实施细则》要求从事网约车经营的车辆达到“5 座三厢小客车车辆轴距不小于 2650 毫米（含新能源车），排气量不小于 1.8 升；7 座乘用车排气量不小于 2.0 升、轴距不小于 3000 毫米”的要求；《广州市网络预约出租汽车经营服务管理暂行办法》要求拟从事网约车经营的车辆应当符合“1. 车身长度不小于 4600 毫米，车身宽度不小于 1700 毫米，车身高度不小于 1420 毫

米，配置防抱死制动系统（ABS）、前排座位安全气囊和前、后座安全带，排量不小于1750毫升；2. 新能源车辆，车身长度不小于4600毫米或者车辆轴距不小于2650毫米，车身宽度不小于1700毫米，车身高度不小于1420毫米，配置防抱死制动系统（ABS）、前排座位安全气囊和前、后座安全带，配置电子制动力分配系统（EBD）。其中，插电式（含增程式）混合动力车辆，还应当满足纯电动续驶里程不低于100公里”的条件。

政府对市场的过度干预会影响市场配置资源的效率。如前述对网约车进行严格限制后，乘客体验到了“打车难”，约车时间变长，费用上涨，不少市民只能回归传统的公共交通工具出行。以推进网约车新政进展最快的北京为例，央视报道称，2017年3月北京地区不同时段，滴滴快车打车成功率最高的时段为10：00～17：00，平均成功率在83.2%；最低为21：00～23：00，平均成功率仅为54.1%。这说明接近一半的用户叫车需求无法被有效满足，供需明显失衡。

（三）监管缺失和监管过严并存，导致新兴业态发展存在“活乱循环”现象

在新业态发展初期，通常由于相关监管部门对行业潜在的风险缺乏分析预判、新业态管理归口不明确等原因导致监管缺失。新兴业态在缺乏规范的环境下“一放就活”，直到出现严重损害消费者利益的事情发生后，相关部门才采取严厉措施予以整治，很容易出现过度监管，导致新兴产业发展“一收就死”。例如P2P网贷、互联网广告，以及2016年兴起的网络直播，均为类似情况。互联网金融在发展初期，由于相关法律法规滞后、模糊，监管不太明确，行业在迅猛发展的同时，也积累了大量风险，以P2P倒闭风潮为代表的互联网金融风

险事件爆发，迫使监管层出台严格措施予以整治。互联网广告营销在多年的发展过程中暴露出了虚假宣传等很多问题，但由于涉及的利益十分复杂，社会呼声未能获得监管部门的重视，问题逐渐积累，直到2016年“魏则西事件”爆发产生恶劣社会影响后，相关部门才开始予以规范，出台《互联网广告管理暂行办法》，明确百度推广为广告行为，应当受到制约，不得进行虚假宣传。网络直播行业在发展初期同样也处于监管“盲区”，各大平台为了扩大市场份额“打擦边球”，甚至传播色情暴力内容，严重危害了网络环境和社会风气，但直到“斗鱼直播事件”等发生，才引发了相关监管部门针对互联网直播平台的专项整治行动，并密集出台各项监管政策加强管理。

监管缺失还体现在新兴业态的行业标准建立滞后，影响产业发展。例如，近几年发展起来的互联网与医疗设备融合的医疗可穿戴设备，具有降低慢性病治疗成本等优势，市场前景广阔，同时与“新医改”目标相契合，各路制造商蜂拥而入，但目前行业标准仍未建立起来，存在设备或软件缺陷风险、个人隐私泄露风险、黑客攻击风险以及窃取核心数据风险等，亟须建立规制制度。

（四）重运动式治理、轻长效机制建设，难以从根本上解决问题

面对互联网新兴业态发展中出现的问题，监管部门通常采取专项整治方式，但运动式执法监管效果短暂，需建立长效机制，实施常态化监管。例如，2016年央视“3·15”晚会曝光“饿了么”食品外卖平台“引导商家虚构地址、上传虚假实体照片、默认无照经营黑作坊入驻”等问题后，互联网餐饮行业的食品安全问题开始进入广大消费者的视野。在媒体集中曝光外卖平台食品安全问题后，北京市食药监总局迅速做出反应，约谈网络餐饮平台负责人，并对入网餐厅集中查

处，下线了一大批不合资质的黑作坊。诚然，运动式执法能够起到暂时缓解外卖食品安全问题的作用，但现实情况是，一些黑作坊在被监管部门取缔一段时间后，未做任何整改就另起炉灶卷土重来，深究其因就是外卖商家违规成本过低，缺乏有效的约束机制。为检验“3·15”晚会曝光后，互联网餐饮行业存在的上述诟病在政府监管发力、第三方平台加强审核机制、行业自律以及群众监督下是否有所改善，中国消费者协会对外卖订餐进行了调查，于2016年11月发布了《2016年网络外卖订餐服务体验式调查结果》。调查结果显示，餐食存在异物、平台审核不严格、餐食外包装破损、食物串味、商家不及时送餐、送餐人员服务意识薄弱、平台未设置订单取消选项、商家不主动提供正规发票等互联网餐饮平台问题仍然普遍存在。

对互联网新兴业态规制的建议

党的十八大提出要推进国家治理体系和治理能力现代化，规制是政府治理能力的重要组成部分，也需向现代化转型。互联网新兴业态规制既具有普遍性，也具有一些特殊性。同时，互联网新兴业态创新发展速度快，规制问题显得更为突出。对于互联网新兴业态的规制，既需要从传统管制方式向现代规制转型，也需要根据互联网新兴业态的特点加以创新。应加快建立适应互联网新兴业态特点的现代规制体系，促进互联网新兴业态的快速健康发展。

一、适应政府职能转换，建立现代规制制度

我国经历了从计划经济向市场经济转型，目前仍在推进行政管理体制改革，促进政府职能转换。规制是市场经济条件下政府干预微观经济的一项职能，因此也是行政管理体制改革的重要组成部分，应适应市场经济发展的需要，从计划经济体制下的管制转向规制，逐步建立现代规制制度。

（一）树立依法、公平、公开的现代规制理念，从管制转向规制

一是依法规制。行政管制通过直接管控的方式，比较容易实施，但具有极大的随意性，规范性、权威性和连续性不足，通常执行起来效率低下。党的十八届四中全会提出了全面推进依法治国的总目标，要求深入推进依法行政，加快建设法治政府。作为行政职能之一，规制也应该依法开展，应以健全的法制体系替代政策或临时性的管制，以增强规制的透明度、权威性和规范性。

二是规制规则要保证社会公平、公正。在社会创新发展中，各规制对象享有平等的机会和权利。因此，在制定规制规则时，应遵循非歧视原则，对各规制对象一视同仁，维护社会的公平、公正。

三是建立公开透明的规制程序。为降低规制过程中存在的信息不对称程度，减少规制执行的随意性，应建立公开、透明的规制程序，如举行公开的规制听证会、建立独立的上诉程序、公开规制信息等，从而有利于规制机构制定并执行公平合理的规制政策。

（二）理清政府和市场作用边界，规制范围限于市场失灵领域

政府规制是为了弥补市场失灵问题，不是替代市场。市场能够优化配置资源，凡是市场能够发挥作用的领域，政府就不必进行规制，让市场自行调节。

同时，市场失灵是规制的必要条件，不是充分条件。在政府规制过程中，要特别注意政府失灵。只有当市场解决问题的方法比政府规制的方法代价更为高昂时，才选择政府规制。

此外，政府和市场边界会随着技术进步等因素而动态变化，规制也要适时调整以适应发展需要。技术进步、市场创新等可能会解决一些市场失灵问题，如市场利用网络建立信用体系，一定程度上克服了市场信用缺失的问题，减少了政府规制的需要。因此，当市场环境发生巨大变化或新的技术或竞争减少了规制的必要性时，规制制度应该调整以适应实际需要。

（三）增强规制机构独立性，提高规制的公正性

我国规制机构由于独立性不足，面临规制目标冲突、规制机构人员和经费来源缺乏独立性以及政府决策的错位等问题，导致规制效率低下。借鉴国外加强规制机构独立性的经验，可以从整合成立新的独立性规制机构和加强规制机构间协调两方面出发，结合我国现行行政体制改革，增强规制机构的独立性。一方面，将规制和行业发展职能分开，减少目标冲突。另一方面，按照功能而非行业划分规制职能，提高规制的专业性和效率。在互联网新兴业态领域，当前主要采取传统分行业管理结合工信等信息化管理部门的方式，应进一步加强协调，将来向独立的规制部门转型。

二、鼓励竞争和创新，提高规制的包容性

当前技术进步呈加速趋势，特别是互联网新兴业态创新发展速度快，具有跨界融合、“人人参与”等特点，按部门、属地划分，以资质准入为手段、管企业为主的传统监管方式既难以适应，也满足不了新兴业态发展的需要，亟须向鼓励创新、更加包容的现代监管方式转型，建立既具弹性又有规范的审慎监管制度。

（一）规制重点从事前转向事中事后，建立惩罚性损害赔偿制度

创新存在不确定性，无法事先预料。传统通过严格准入等加强事

前监管的方式尽管减少了很多风险，但也导致很多新技术、新业态由于监管太严而无法发展。

对于互联网新兴业态的监管，一方面，应以促进行业发展为目标，减少准入限制，放宽市场准入，积极破除不适应行业发展的制度障碍，鼓励创新探索。通过市场竞争机制，让市场选择优胜者。另一方面，完善创新的风险管控体系。相关政府部门应与行业建立沟通协调机制，加强事中事后的风险管控，确保行业发展在政府的“视野”之内。积极分析研究、及时发现行业发展中潜藏的风险，对行业中出现的问题早发现、早化解，促进行业规范健康发展。为避免宽松准入可能存在的风险和漏洞，可建立惩罚性损害赔偿制度来规避市场主体的道德风险，确保风险可防、可控。

（二）给技术进步留有余地并根据技术进步及时调整规制标准，适应市场发展需要

技术永远向前发展，已有的法律法规是在过去技术条件下制定的，是对原有技术和业态的规制，不一定适应新技术、新业态发展的需要。规制规则制定过程中，应给技术进步留有空间，并根据技术发展适时调整规制标准，实现动态规制。例如，当前的道路交通法不允许无人驾驶汽车在高速公路上试验，导致无人驾驶汽车难以开展试验，更谈不上进入市场了。面对这类新兴业态的发展，应适时调整法律法规，建立试验标准，控制风险，适应产业发展需要。

（三）面对不确定性大、难以把握的创新时，采取试点方式推进

在面对一些创新突破时，特别是对与现行法规规定不一致的创

新，为了使得规制部门既能合法行政、控制风险，又能促进新业态发展，可采取在一些区域或一定范围内试点的方式，并建立事后奖优罚劣的措施。试点方式可以在激励创新、减轻规制部门责任、降低社会风险三者之间取得平衡，形成激励创新的社会环境。若试点成功，则复制推广，若试点失败，则推倒重来。由于试点范围较小，影响可控，可以通过试点为后续规制提供经验教训。

三、根据产业特点和发展规律完善法规，提高规制的科学性

规制实践和研究均十分丰富，应充分吸取规制的实践经验和理论研究成果，遵循产业发展规律和规制发展趋势，完善我国规制法规，提高规制的科学性。

（一）放松经济性规制，加强社会性规制

随着经济发展和社会进步，放松经济性规制、加强社会性规制已成为现代规制的趋势。我国应通过深化改革，逐步降低市场准入门槛，放松价格、投资等经济性规制，促进市场主体公平竞争，实现整体社会福利最大化。同时，加强安全、健康、环保、职业安全和卫生等社会性规制。例如，在互联网新兴业态发展过程中，出现了大量的灵活就业等新型就业关系，应针对灵活就业人员劳动关系、工作时间、岗位以及收入不固定等特点，完善社会保险的管理办法，制定相应的个人申报登记、个人缴费和资格审核等管理办法，并根据不同类型就业人员的情况，出台相应政策保护就业者的合法权益。

（二）针对网络经济特点完善反垄断和不正当竞争法规，重点规制滥用垄断地位行为

为了应对互联网新兴业态发展过程中出现的滥用垄断地位行为，建议：一是根据互联网新兴业态的新形势新问题完善反垄断相关法规。企业利用互联网创新过程中，出现了一些新的情况和问题，相关法规尚未涉及。对此，相关部门应及时研究，针对新情况新问题完善《反垄断法》等，重点对滥用垄断地位的行为进行有效规制，为企业创新提供良好的法治环境。二是加大对互联网行业滥用垄断地位行为的处罚力度，创造公平竞争的市场环境。对利用垄断地位打压中小企业的，严格执法，维护公平竞争的市场秩序。坚决维护互联网行业的良性竞争秩序，促进新技术、新业态层出不穷，真正实现让创新成为驱动经济发展的原动力。

另外，互联网新兴业态盈利模式与传统行业不同，需更新传统不正当竞争法规。互联网经济发展过程中有两个现象，一是基于互联网规模经济属性，不少互联网公司在发展初期采取补贴用户甚至提供免费服务等方式来快速占领市场；二是互联网公司大多采用“羊毛出在猪身上”的盈利模式，即采取低成本甚至免费提供某一产品或服务，而通过其他方式盈利。《反不正当竞争法》第十一条规定：“经营者不得以排挤竞争对手为目的，以低于成本的价格销售商品。”在互联网模式下，“成本”确定较为困难，经营者的营业额来源于软件下载产生的流量、增值服务以及软件上所投放的广告费，还可能是数据营运对服务或对象交易额按比例提成，如何计算还需要相关法律法规明确，即《反不正当竞争法》应当根据时代、社会的发展，结合互联网经济市场现状，对条文中的一些概念内涵予以确定或赋予其新的含义。例如，打车软件公司滴滴和快的的“烧钱大战”，就是通过给予司机和用户价格补贴的方式来与竞争对手争夺市场。但打车软件的盈利模式类似 QQ 等双边市场模式，即乘客和出租车司机端免费，但另外向第三方收取广告费等费用获得收入。对其向乘客和出租车司机给付补贴抢占打车服务市场的行为，除了要考虑其服务成本、收费标准问题外，还要考虑在此类双方市场中向免费端客户支付额外利益从而换得更多的收费端客户及交易机会是否构成不当收买的商业贿赂。

（三）适当平衡各方利益，但遵循社会总体福利最大化原则

互联网新兴业态的快速发展，一定程度上触动了传统行业的利益，与传统行业产生了冲突，如跨境电商带来了个人国际贸易与传统国际贸易的矛盾、大数据带来了个人数据分享和保护的矛盾。如果为减少冲突，制定有利于传统利益的规制制度，过度保护传统行业利益，则阻碍了新兴业态发展。诺贝尔经济学奖获得者费尔普斯认为，近年来促进消费品增长的创新减少了，原因是老的产业受到过度保护，阻止了新企业进入，尤其是遇到颠覆性创新时，政府对传统企业提供的保护打击了创新者，甚至导致创新失败。因此，在规制过程中，面对利益冲突，可以适度平衡各方利益，但不应片面保护某一方的权利、利益，而应从社会总成本、总福利的角度出发，使社会总成本最小化、总福利最大化。

四、采取市场化的规制方式，提高规制的弹性

通过市场化的规制方式，一方面既有利于优化社会资源配置，另一方面通过对话式、对价式等柔性方式，也有利于提高政府民主形象。

（一）允许以市场化方式达到规制目标，实现资源优化配置

在实现规制目标过程中，对于一些领域，不一定要限制规制对象

行为，可以设定规制标准，允许规制对象以最经济的方式来实现，发挥市场配置资源的作用，让市场实现最优配置。例如，为解决共享单车乱停放的问题，政府不一定采取控制单车数量的方式，可以设定停放标准，让市场来决定投放数量并解决停放问题。

（二）对规制标准进行成本效益分析，实现社会整体成本效益最大化

规制是为了保障社会和经济效益，同时规制也需要付出成本，因此，需要对规制标准进行成本效益分析。通过制定合适的规制标准，力求使社会整体成本效益最大化。在规制带来的收益大于规制成本时，还需要考虑在确定的规制收益下，有没有更小的规制成本或者在确定的规制成本下有没有更大的产业发展收益。

（三）只要求规制结果，不指定技术路线

由于技术总是处于进步之中，在制定规制标准时，需要充分发挥市场的创新活力，让市场灵活选择实现规制标准的技术和方法，既有利于政府节省规制成本，也有利于规制对象节约达标成本，还有利于提高技术进步。政府只需监督企业是否达标，不必制定实现规制标准的技术路线，否则容易束缚市场创新的活力。

五、从单纯的政府监管向调动多方力量、更加注重社会协同的现代治理转变，提高规制效率

互联网新兴业态分散程度高，且规制事项日趋复杂化、具有高度技术性，不确定性的风险也大，需要引入多元主体参与，采取协同规

制的方式，充分发挥各方力量的作用。

（一）明确各方责、权、利，建立协同规制规则

互联网新兴业态由于参与主体多元，利益分化程度高，传统的集中单向、侧重控制的封闭式管理难以适应业态发展。因此，建立多元参与、侧重协调的协同规制体系，让各个主体都有更多平等参与的机会，既可以广泛吸收利益相关者的意见，避免对某些群体造成损害，也可以提高规制效率。在明确政府、网络平台、企业、消费者等各方责、权、利的前提下，建立科学、合理的新型治理规则，充分发挥社会力量的优势，形成高效、协同的社会运转机制，从单纯的政府监管向调动多方力量、更加注重社会协同的现代治理转变。

（二）发挥网络平台企业的作用，引导行业自律

互联网新兴业态的一个特点是形成了网络平台企业，平台企业通过为其他企业发展提供技术、市场、信息、信用评价等服务，掌握着大量市场参与主体的运营情况等信息，具有参与规制的能力。同时，网络平台企业是网络生态体系的最大受益者，具有自我管理的需求和提升服务质量的内在动力。可以发挥网络平台企业的枢纽作用，对与平台相关的问题进行治理。具体来说，可以赋予互联网技术服务平台在市场准入和监管方面的责任，政府承担最后责任人，建立多方参与协同共治的现代治理体系。通过探索“政府管平台，平台管企业”等监管模式，建立规制部门与网络平台企业信息沟通、数据共享制度，共同维护市场秩序。同时，完善法律法规，明确网络平台与平台上企业、市场参与者之间的责任，为网络平台参与规制提供制度保证。

六、运用现代信息技术，提高规制能力和水平

互联网新兴业态是基于互联网等现代信息技术发展起来的新兴业态，对其规制可以充分发挥信息技术作用，“以子之矛，攻子之盾”，提高规制能力和水平。

（一）充分利用互联网等现代信息技术完善社会信用体系，健全信用约束机制

市场经济是信用经济，信用是市场交易的基础，完善的社会信用体系是规范市场经济秩序的基本支撑。多年来，我国一直致力于社会信用体系建设，取得了初步成效，但仍需进一步完善。互联网的快速发展为建立现代社会信用体系提供了强大的技术支撑和机遇，利用互联网建立的网络信用体系，在解决社会问题上具有独特的优点：网络的放大效应，使得网络欺诈成本大大增加；网络信用评价体系日益完善，比网下更加健全；网上投诉成本低，纠纷解决更便捷；网络交易有迹可查，易于跟踪和事后处理。政府部门可以完善并发挥在线信用信息数据库的作用，对于违法违规行为记入网络信用档案，纳入市场禁入管理，实现基于信用的动态监管。同时，通过提供信用查询、公示企业守信或诚信信息、受理信用的投诉、受理信用的异议等信用服务，营造良好的网络信用环境。应破除社会信用体系发展的体制障碍，鼓励社会互联网信用机构发展，完善我国信用体系，通过信用约束机制促进互联网新兴业态健康良好发展。

（二）发挥信息技术作用，提高规制能力

现代信息技术为监测、分析风险提供了有效的手段。特别是可以

运用大数据、云计算、人工智能等先进技术，实现治理手段的智能化。如在规制电子商务平台的假冒伪劣、炒信用等问题时，面对海量商品、海量卖家买家、实时交易、碎片化交易等特点，利用传统的商业监管方式已无法应对这些新情况，而利用图片识别技术、先进算法、大数据分析等方法，可以较好地发现问题、解决问题。应充分运用大数据等信息技术推动监管创新，加强在线、移动、大数据监管能力和队伍建设，以网管网，提高风险管理能力，从而及时、有效地应对风险。

第六章

典型行业研究 1：网络预约出租汽车规制

网络预约出租汽车（以下简称网约车）起源于 2009 年美国 Uber 公司的成立，2012 年左右在我国开始发展，是近些年对经济社会影响最为广泛的互联网新兴业态之一。目前，网约车发展已经较为成熟，国内外政府对其规制也有不少实践。出租车行业属于高度管制的公共服务业，作为一种典型的具有代表性的互联网新兴业态，研究政府对其规制的经验和教训，可为探究互联网新兴业态规制提供有益启发。

一、网约车发展状况

网约车已经得到广泛应用，特别是在大中城市，具体包括网络预约出租车、专车、拼车、顺风车、租车、通勤车、代驾服务等。由于普通的网络预约出租车并未从根本上改变传统行业的形态，也不涉及对传统行业监管的挑战，本文主要对挑战传统监管规则的网络预约专车、拼车和顺风车进行分析。

（一）国内发展情况

近几年，网约车在我国取得快速发展，受到了消费者的普遍欢迎。使用网约车的用户中，网络打车（即网络预约出租车）居首位，据艾瑞咨询2015年的一份研究报告显示，在对15万名使用网约车服务的用户调查中，使用网络打车的用户占84.3%，其次是网络预约专车和网络预约租车，分别占45.5%和43.7%（见图6-1）。

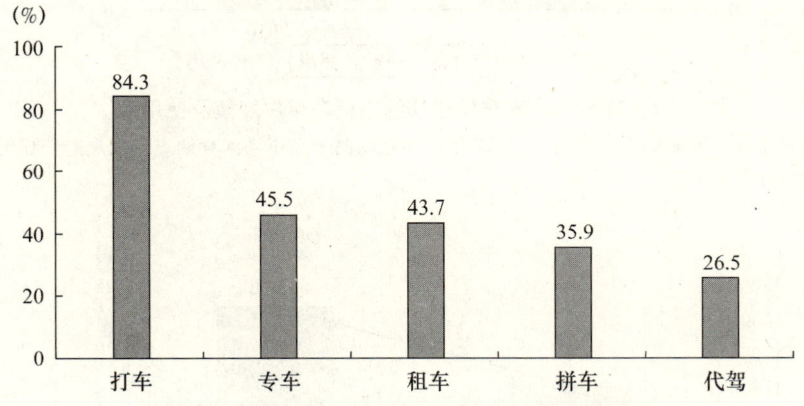

图6-1　2015年中国网约车服务用户使用情况

资料来源：艾瑞咨询：《中国互联网车服务研究报告之拼车》，2015年。

截至2016年12月，我国网络预约出租车用户规模达约2.25亿，较2015年增加6613万，增长率为41.7%，网络预约出租车用户在网民中的占比为30.7%，比2015年增长8.4个百分点；网络预约专车用户规模约为1.68亿，比2015年增加4616万，增长率为37.9%，网络预约专车用户在网民中的占比为23.0%，比2015年提升5.8个百分点（见图6-2、图6-3）。

经过多年的发展，我国网约车市场已经形成了寡头垄断格局。我国网约车始于2012年3月“摇摇招车”正式上线。随后，2012年5月，快的打车成立，其运营主体是杭州快迪科技有限公司，先后获得阿里巴巴、经纬创投等多家机构数亿美元投资，业务范围包括出租车

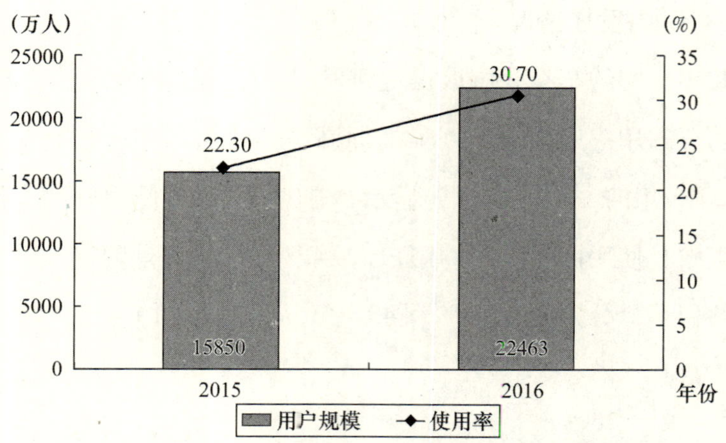

图 6－2 2015～2016 年网络预约出租车用户规模及使用率

资料来源：智研咨询：《2017～2022 年中国互联网专车市场深度调查及发展趋势研究报告》，2017 年。

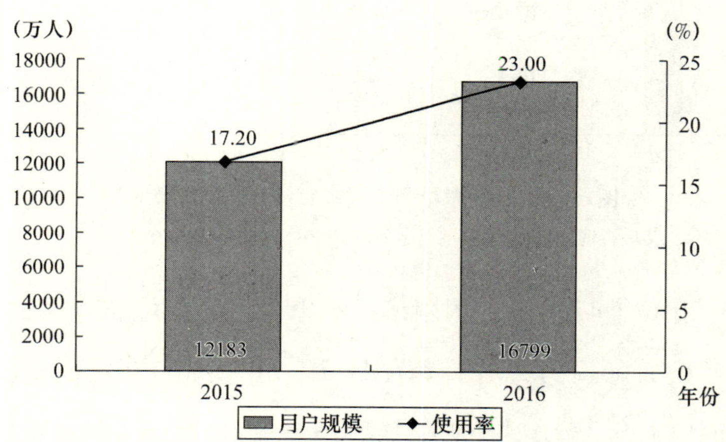

图 6－3 2015～2016 年网络预约专车用户规模及使用率

资料来源：智研咨询：《2017～2022 年中国互联网专车市场深度调查及发展趋势研究报告》，2017 年。

召车、专车、代驾等内容。2012 年 7 月，滴滴出行公司成立，其运营主体是北京小桔科技有限公司，先后获得腾讯、中信、中投、淡马锡的多轮投资，提供出租车召车、专车、快车、顺风车、代驾、试驾、巴士等出行服务。2015 年，滴滴占据中国网约出租车市场份额的 99%，网约专车市场的 87%，在其他业务领域占比超过 70%。另外，还有首汽租车、神州专车、易到用车等公司也提供网约车服务，Uber也于2014年2月进入中国市场。2015年2月，滴滴打车和快的打车的运营公司进行战略合并，滴滴快的的用户量和订单量居全球首位。2016年8月，滴滴出行宣布与Uber达成战略协议，收购Uber中国的全部资产，确立了国内网约车平台的垄断地位。

（二）国外发展情况

国外网约车的典型代表包括提供拼车服务的Lyft、提供私家车搭乘服务的Sidecar，以及风靡全球的Uber等。由于Uber的全球化进程比较有典型性，且在发展过程中与政府监管政策形成了明显的冲突，这里主要介绍Uber。

2009年诞生于美国硅谷的Uber（优步）是一家移动互联网应用科技公司，通过智能手机APP提供一键实时叫车服务。Uber由美国人特拉维斯·凯拉尼克（Travis Klanick）和加拿大企业家盖莱特·坎普（Garrett Camp）共同开发，并在2009年建立同名公司进行实业经营，总部设在美国旧金山。

Uber创立之初命名为Ubercab，在美国国内专门提供豪华车服务，指定车辆限于奔驰、宝马和捷豹等品牌。从2010年起，其打车软件可以在iPhone和安卓手机上使用，从旧金山开始逐步推向美国多个城市。2011年5月，由于旧金山交通管理局的介入，公司更名为Uber，因为“cab”是出租车的含义，但Uber却并不具备出租车的经营许可。2012年，公司进一步开展了平民业务“Uber X”，吸收所有合格的司机加盟，车型的规定也予以适当放宽。目前，Uber的服务类别按照档次高低主要包括Uber LUX（豪华车）、Uber SUV、Uber Black（高端车）、Uber Taxi及Uber X等。

Uber的商业模式是通过APP实现乘客和司机的匹配，Uber没有自己的车辆和司机，对于车辆没有所有权，也不雇佣司机为员工。由于Uber提供的是预约租车服务，不能像普通出租车一样应答街边的打车要求，只能通过提前预约来承接运营服务。Uber通过大数据、云计算等实现乘客和车辆的智能快速匹配以及车辆在城市的最优布局，其订单的形成和实现都通过互联网完成。从盈利模式来看，Uber向司机或者租车公司收取一定的平台管理费（佣金）——车主拿80%，平台拿20%，车辆以及人身损害由车主自己负责。在服务的收费计价方面，Uber采取的是动态调整的算法，实行错峰定价，比如晚高峰时期，服务价格会上涨，以激励司机多出车。在收费结算方面，乘客并不与司机进行现金结算，而是直接与Uber通过网络支付进行信用卡结算，之后Uber再与司机进行结算。

目前，Uber的经营范围覆盖全球64个国家和地区的351个城市。法国巴黎是Uber开拓的第一个国外城市。2012年3月，加拿大的多伦多加入，随后是温哥华，紧接着是英国伦敦、澳大利亚悉尼。参加Uber公司的车队，一般不需要政府颁发的牌照，也不用在车里安装计程表，计费和收费都由APP控制和管理。司机只要同意签署合作合同，并接受几周软件使用训练，就能直接上岗。也正是如此，Uber的前期投资很低，有能力保持比传统出租车更低的车价，所以竞争力很强。2016年，公司在全球范围内的交易总额超过200亿美元，较2015年同期增长超过200%，营业收入为65亿美元。

二、网约车带来的挑战

网约车在方便乘客出行、充分利用资源、缓解城市交通压力、减少汽车尾气排放、创造就业机会等多个方面做出了贡献。当然，网约车也给经济社会发展带来了一系列新的挑战，需要政府加以规制。具体来看，网约车给政府监管部门带来的挑战突出表现在以下几个方面。

（一）冲击传统行业引发结构性失业和其他社会问题

Uber、滴滴专车等网约车的出现打破了原有的市场平衡，迅速挤占了大量个性化出行的用车市场份额，直接导致传统出租车行业的利益受损，很多城市的出租车司机都面临收入降低的境况，甚至失业。这也是Uber在世界很多城市都遭到抵制、出现出租车司机游行和罢工的原因。2014年6月，英国伦敦有执照的出租车司机开车聚集在特拉法尔加广场进行示威游行，反对Uber进入当地。2016年2月，又有8000多名伦敦出租车司机静立抗议被抢生意以抵制Uber。2015年6月，Uber在法国巴黎遭到出租车司机的暴力抗议，给汽车司机造成了严重损失。2016年3月，哥伦比亚也爆发了反Uber大游行，未参加的司机甚至遭到攻击。由于触动原有的利益集团，Uber的经营导致出租车司机游行、静立甚至罢工，所以如何处理新兴网约车与传统出租车之间的冲突，更好地权衡各方利益，是政府管理的一项重要议题。

（二）缺乏合理准入门槛，难以确保安全运营和市场公平竞争

为实现网约车服务与传统租车公司、出租车公司之间利益的平衡，保证各种形式的租车实现其应有的价值，是否需要对网约车的市场准入提出一定要求，包括区域的限制等也存在一定的争议。此外，在具体的运营方面，由于网约车企业大多没有专门的司机和车辆，如何保障司机和车辆达到安全运营的最低要求，包括司机的身份背景调查和车辆检测等方面，需要对网约车平台公司筛选司机和车辆的标准

和程序进行必要的监管。

（三）网络数据采集给消费者的个人信息保护带来了隐患

由于新的商业模式需要借助互联网实现召车、定位、路线规划和支付等功能，通常情况下用户需要在终端设备上提交注册信息，最基本的信息包括联系方式、银行卡、性别，此外还可能涉及姓名、单位等。同时，在乘客乘车过程中，其乘车路线和经常出现的地址也会被记录在网络中。所有这些信息都是乘客的个人信息和隐私，而在这些信息形成并被记录的时刻起，就有了被泄露的风险，风险来源可能包括掌握这些信息一方的无意泄露、恶意泄露，还有可能来自第三方的恶意获取（比如网络黑客的攻击）。信息安全隐患的存在也对政府规制提出了要求，需要政府采取措施降低风险发生的概率。

（四）发生事故时涉及多方主体、多种情形，责任划分有待明确

在传统出租车领域，出租车所属的客运公司对其下辖的出租车和出租车司机实行一致的管理标准，发生事故时有明确的责任界定。但是网约车模式有所不同，一方面，涉及的相关主体增多，包括平台公司、车主（司机）、乘客，甚至有些情形中司机和车主也是分离的，从而给责任的确定带来困难。另一方面，车的类型出现个性化，而且对于私家车而言，不同车主给车定制的保险套餐呈现差异化也给责任的承担带来困难。比如，在发生交通事故时，人员损伤和车辆损伤的损失由谁来承担。此外，网约车司机与平台公司之间并不存在劳动关系或劳务关系，两者之间的关系更接近于雇佣关系或者合同关系，因此，在发生事故时，平台是否应该承担责任以及应该承担什么责任需要讨论。

此外，传统出租车行业一般都要求车辆有充分的商业保险，而且保险是全天候覆盖的，即每周七天 24 小时的覆盖率。像 Uber 这种个人使用私家车提供运营的车辆是否也应该有与出租车相同标准的商业保险，一直存在争议。因为私家车司机有些时间是为私人目的驾车出行，而非完全为了提供交通服务。普通的私家车保险的范围并不覆盖私家车用于营运时发生的事故和造成的损失。因此，当 Uber 司机在营运过程中发生事故时的赔付问题就很关键。另外，即使是乘客还没上车，Uber 司机从接单到乘客上车之前的前往路程中发生事故时的赔付也是一个需要探讨的问题。究竟谁应当承担投保义务？私家车通过网络平台接受订单、等待乘客时发生的事故如何承担保险责任，这是政府规制时需着重考虑的问题。

（五）初期低价占领市场模式可能形成不正当竞争

互联网商业模式的一个特点是，在进入市场初期，经常采取低价甚至免费的模式占领市场，这可能涉及挑战现有不正当竞争相关法律。滴滴出行平台在 2016 年上半年发放了大量优惠券，以抢占市场，在使用优惠券后实际支付的价格可能仅为出租车的 1/3～1/2，甚至更低。这种变相的降价行为在一定程度上也可能构成了不正当竞争。

三、国外规制网约车的做法

国外对网约车这一新兴业态进行规制大多是在 Uber 进入市场并引发一定的冲突后开始的，所以国外对网约车的规制基本可以归结到政府对 Uber 进行规制的举措方面。在全球范围内，Uber 进入了大部分国家和地区，德国、澳大利亚、韩国、泰国、印度、法国、西班牙、巴西等国政府均对其进行了规制。

（一）各国和地区对待网约车的整体态度

世界各国对待网约车这一新兴模式的态度存在较大差异，加之一些国家的地方政府拥有立法权，并且地方之间在经济、地理、人口、文化等方面差异较大，各地对待网约车的态度也存在差异。各国及地区对待网约车的做法大致可以分为如下三类。

1. 允许新业态发展，通过法律法规予以明确和规范

网络约车出现后，一些国家和地区采取了欢迎或者基本默许的态度，制定新的法律法规确认网约车新业态并对其进行规范和监督。美国部分州在网约车发展初期就支持网约车发展，随后将其纳入法规予以明确和规范。美国加利福尼亚州（加州）是 Uber 的诞生地，在网约车的监管应对方面也走在世界前列，为其专门制定了相关管理办法。2013 年 9 月，加州公共事业委员会（California Public Utilities Commission，CPUC）作出决定，承认网约车服务的合法性，并制定了相应的监管规范。2014 年以后，美国各州关于交通网络公司的专门立法进程明显加快，到 2015 年上半年就有 18 个州通过了有关立法。这种关于交通网络公司的专门立法也被人们称为 Uber 法。

在新加坡，陆路交通管理局（Land Transport Authority，LTA）在 2014 年 11 月表示会对 Uber、GrabTaxt 在内的打车软件进行监管，其中软件打车的价格不得超过本地出租车现行价格。除了价格规定上限之外，政府还规定打车软件公司只能雇佣或者派遣拥有本地出租车牌照的汽车和司机，所有的打车软件服务商都必须在新加坡陆路交通管理局备案。此外，为了保障乘客的利益和安全，新加坡还规定，所有提供网约车服务的司机须持有出租车驾照，且车辆已注册为出租车。

2. 起初参照传统监管法规予以禁止，后重新立法予以接受和规范

Uber 属于新生事物，一些国家和地区最初参照传统监管法规管理予以禁止。在采取禁止措施一段时间后，这些国家或地方政府迫于各种压力放宽了对 Uber 的限制，再次允许其进入当地市场。

美国部分州属于这种情形。2011 年 5 月，Uber 正式进入了美国核心城市纽约，但是在 2012 年 10 月，由于纽约市租车委员会（New York City Taxi and Limousine Commission，TLC）的限制，Uber 不得不退出纽约市场。尽管如此，一年之后，Uber 在 2013 年 5 月重回纽约市场，并成为第一个通过纽约市政府批准的打车应用。2012 年 1 月，美国首都华盛顿查扣了一辆 Uber 出租车，理由是没有出租车牌照，属于非法运营。结果，华盛顿的 Uber 用户发起了声援 Uber 的运动，迫使华盛顿特区议会不得不在 7 月投票对此表决，表决结果是 Uber 经营模式合法。2014 年 3 月，西雅图市议会投票决定限制 Uber 等类似的打车软件，将租车平台的司机限制在 150 人以内，这激起了使用打车软件居民的愤怒，立即发起了 36000 人的请愿，要求对此全民公投，最终西雅图市委员会以8∶1的投票结果立法决定，允许打车软件在该市运营，并且没有车辆数目限制。2012 年，Uber 刚刚进驻美国马萨诸塞州的波士顿时，当地警方宣布 Uber 司机违规并扣车，原因是 Uber 使用 GPS 追踪来计算乘客的费用，即用地图计算距离，而不是依靠里程表，但是 GPS 还没有被授予执照作为商业衡量装置，不能被用来决定出租车费用。不过，之后不久，由于 Uber 使用 GPS 计费的设备已经通过国家标准技术局（National Institute of Standards and Technology）的评估，Uber 得以获得经营证书，并且与法律一致。2014 年 6 月初，经州长签署，科罗拉多州立法机构通过的监管网约车的法案正式生效实施。这部法案中，修订、补充了科罗拉多州的相关法律，承认了网约车业务

的合法性，授权州公共事业委员会对网约车实施监管。而在此前，公共事业委员会一直将 UberX 和 Lyft 等的业务作为非法运营查处。法案专门指出，将网约车服务合法化符合本州公共利益：网约车服务有益于本州经济、环境（提升环境质量，减少尾气排放，减少交通拥堵，降低了对停车设施的需求）和交通市场发展（扩大了公共交通的使用，因为网约车使人们更容易乘坐公共交通），为本州消费者带来福利；网约车平台通过数字网络匹配司机和乘客，提升了交通的便利性，允许人们分担交通成本，提供了相应的安全机制（包括基于社交媒介的身份证明，司机背景核查，车辆检验，司机最低年龄限制等）。因此承认网约车的合法性，与本州鼓励大众创业、科技创新和共享经济的方针是一致的。在美国弗吉尼亚州，Uber 最开始也遭到禁止，但是 2015 年 2 月弗吉尼亚州政府通过立法明确了 Uber 和 Lyft 的合法地位，并制定了相应的规制政策。

在印度，2014 年 12 月 5 日，一名女子在新德里使用 Uber 叫车，不料上车后遭司机强奸。12 月 8 日，新德里市政府宣布禁用所有没有经过适当授权而采用网络技术的出租车公司提供打车服务，其中包括 Uber 以及印度本土公司 OlaCabs 和 Taxi for Sure 等网络打车软件。但是，2015 年 1 月底，Uber 在印度新德里遭禁 6 周后，又通过重新申请一项电台出租车执照的方式恢复运营业务。

3. 按传统出租车行业监管规则进行管理，实行严格的限制或者直接禁止

一些国家和地区对 Uber 按传统出租车行业监管规则进行严格管理，对其采取了限制或禁止措施。

在美国的一些地区，Uber 遭遇了严格的限制，甚至直接被禁止。2015 年 5 月 6 日，Uber 宣布停止在堪萨斯州（Kansas State）的服务，因为该州出台了新的规定，要求专车服务公司的注册司机必须经过堪萨斯州调查局的常规审查，并且在司机上线期间提供一份额外的汽车保险。Uber2014 年 10 月开始在宾夕法尼亚州运营，虽然于 2015 年 1 月获得州公共事业委员会的认可，但是费城却不在此范围之中，而且 Uber 在费城一直没有取得合法地位，费城的泊车管理局还在 2015 年 8 月 28 日提出对 Uber 的起诉，主要理由是 Uber 在费城不具备承运人（carrier）的身份。内华达、马萨诸塞、迈阿密、奥兰多和奥斯汀等多个州政府也对 Uber 发出过禁令。

在开拓欧洲市场的过程中，Uber 也遭遇了很大的阻力。法国政府在 2014 年 12 月 15 日宣布从 2015 年 1 月 1 日开始禁止 Uber 的 UberPop（私家车拼车业务）打车服务，认定 Uber 打车服务非法，理由是 Uber 签约司机可能并未按规定上保险，从而对乘客构成危险。法国内政部长（interior ministry）卡泽纳夫 2015 年 6 月 25 日对 Uber 再下“封杀令”，勒令关闭 UberPop 服务，称监管机构一旦发现 Uber 签约司机载客，将查封车辆。卡泽纳夫表示，Uber 的服务是“非法的”，并命令警察和抗议者结束对峙。Uber 曾向法国宪法委员会提起上诉，但是法国宪法委员会驳回了 Uber 的上诉，保持对 Uber 私人拼车服务 UberPop 的禁止条例。法国最高行政法院 2015 年 5 月 23 日做出裁决，通过了由传统出租车司机针对 Uber 等私人打车服务引发的不公平竞争而提出三项限制性服务当中的两项。私人打车服务将被允许按里程收费，但要求 Uber 等私车司机在把客人送到目的地后应立即返回基地，不得四处揽客。被驳回的一项申请是限制像 Uber 一样的 APP 提供潜在客户附近司机的位置。

2014 年 9 月初，德国法兰克福地区法院判决 Uber 部分服务（UberPop）因为违反了德国《乘客运输法案》的有关规定、缺少必要的法律许可在德国全境禁止使用。德国汉堡和柏林监管部门在 2014 年也先后以司机没有合法经营执照和乘客安全没有保障为由，禁止 Uber 提供营利性私家车载客服务，如果违反禁令，Uber 公司和司机都将面临高额罚款。

2014 年 12 月，荷兰一家法院下令禁止 Uber 软件提供的 UberPop 打车服务，因其司机没有专业执照违反荷兰针对经营型车辆的牌照规定，若 Uber 不立即停止服务将被处以 10 万欧元的罚款。

在比利时布鲁塞尔，一张出租车许可证价格高达 20 万欧元，布鲁塞尔当地法院视 Uber 服务为非法，在禁令中称若 Uber 违法运营，每单生意将罚 1 万欧元。2014 年 12 月，西班牙首都马德里的法官裁定，Uber 公司在西班牙不公平竞争，损害了行业利益，停止 Uber 在西班牙的运营。

Uber 于 2013 年进入韩国，根据韩国现行法律，未获政府运营牌照的租车企业或私家车主提供有偿载客服务属于非法行为，一旦被判有罪，运营者可被处以 2 年以下有期徒刑或 2000 万韩元（约合人民币 11.20 万元）以下罚款。2014 年 7 月，韩国首尔市政府公开表示封杀打车应用 Uber，称其违反了韩国法律，即未注册的私人或租赁车辆不得用于付费的出租车服务。首尔市政府还发出“悬赏”声明，凡举报通过 Uber 提供非法运营的企业或个人，可以得到 100 万韩元（约 910 美元）的奖励。2014 年 12 月，韩国首尔中央地方检察厅对 Uber 创始人特拉维斯·卡拉尼克、Uber 韩国法人及租车公司 MK 韩国代表等发起诉讼，指控他们非法从事出租车业务、增加乘客的安全风险和危及正规出租车生计等。

Uber 在日本同样面临错综复杂的监管障碍。Uber 进入日本市场最开始拿到的并不是出租车营业执照，而是旅行社执照。但是，2015 年

3 月初，日本交通省叫停了试图闯入当地市场的 Uber，理由是其商业模式涉嫌无资质有偿载客，属于法律禁止之列。Uber 在日本福冈市试点的拼车服务则因法律法规遭到封杀。

在泰国，2014 年 12 月，曼谷交通管理部门也颁布法令，指责 Uber 通过其租车 APP 轻易地绕过了政府的本地运营许可和相关的规章制度，要求 Uber 立即关闭业务，以解决该公司司机缺乏管理登记以及商业保险等问题。

（二）各国和地区规制网约车的做法

在接纳网约车的国家或者城市中，政府均对网约车出台了规制规则，主要做法如下。

1. 给新业态单独归类制定法规或归入原业态更新已有法规体系进行管理

支持网约车发展的国家或地区主要采取以下几种做法来管理新业态：一是将网约车归为新的业态或门类，设立新的规则予以监管，如美国加州、加拿大多伦多、美国哥伦比亚特区；二是更新修改已有法规并将新业态的规制管理纳入原有法律政策框架下，如英国伦敦。

就第一种管理方式而言，美国加州走在了世界的前沿。2013 年 9 月，CPUC 通过其《关于通过保留交通行业准入的公共安全保护规则和规章的决定》建立了关于交通网络公司（Transportation Network Company，TNC）的企业分类，首创了 TNC 这一新的公司类别，指在加州境内使用互联网平台将乘客和私家车主连接以提供交通服务的企业或者组织。CPUC 对 TNC 进行管理的依据主要是公共事业编码（public utilities code）和 CPUC 的内部规章。CPUC 是在原来 3 种客运服务的基础上新增这一类别的。根据加州原有法律，除出租车（taxicab）外，还许可另外两种提供客运服务的业务，一种是客运公司（Passenger-stage company，PSC），PSC 的车通常有固定线路和班次，供多人同时乘坐，典型的就是在机场运送旅客的班车；另一种是租车公司（Charter-party carrier，TCP），TCP 提供预约客运服务，根据里程和/或时间计费，包括观光车和供政府机构、公司、学校包租的车辆。CPUC 认为，网约车具有直接或者间接的获取报酬目的，其运送行为不属于传统的非营利合乘。网约车提供的是预约的、点对点客运服务，类似于 TCP 的服务，但又具有与传统约租车调度机构相同的功能。因此，CPUC 设立了 TNC 的类别以对其进行专门管理。TNC 与原有的 TCP 的主要区别是，接入 TNC 提供运送服务的车辆是私家车，而不是专用的营运车辆（高档约租商务车是专用营运车辆）。另一个区别是，TNC 不拥有自己的车辆，它们只是提供信息服务的网络平台。因此，高档约租商务车公司不属于 TNC。

与加州类似，美国科罗拉多州立法机构通过的监管网约车的法案在 2014 年 6 月正式生效实施，法案也将网络平台公司界定为“交通网络公司”（TNC），指在科罗拉多州境内，通过数字网络连接乘客和接入该运输网络公司的司机，从而使乘客获得运送服务的法人公司、合伙企业、独资企业或其他组织体。TNC 司机是指根据 TNC 数字网络的供需信息匹配，驾驶自己的车辆为乘客提供运输服务的人员。TNC 在开业前须满足法定的各项监管要求并向州公共事业委员会申请许可，许可费为 325 美元，有效期 1 年。法案指出，TNC 与传统的客运服务企业不同，它本身并不拥有、运营或者管理车辆，也不雇佣司机，既不是传统的公共客运承运人（Common Carrier），也不是合约承运人（Contract Carrier）。TNC 不同于传统的出租车、高档商务约租车公司，不提供运输经纪人安排的运送服务，也不提供合乘协议或者其他任何固定线路、班次的运送服务。TNC 实质上是通过数字网络将人们连接成一个共同体，运用个人车辆为有需求的人提供运送服务。

美国华盛顿州的哥伦比亚特区立法机构于 2014 年 11 月通过了网约车立法《2014 年雇用车创新修订法》（以下简称《创新法》），从而承认网约车的合法性并将其纳入监管范围。《创新法》根据网约车的特点，结合原有监管框架，创设了一个新的运送服务种类：私家雇用车服务（Private Vehicle-for-Hire Services）（以下简称“私车服务”）。其定义是：在哥伦比亚特区内，个人车主通过数字调度平台接受预约，使用个人车辆为乘客提供的运送服务。从事私车服务的个人叫做“私车服务运营人”（Private Vehicle-for-Hire Operator），运营数字调度平台的公司称“私车服务公司”（Private Vehicle-for-Hire Company），其组织形式可以是法人公司、合伙企业或者个体企业，以下简称“平台公司”。根据哥伦比亚特区原有法律，传统出租车、各类约租车都属于雇用车（for-hire vehicles）。其中，出租车提供巡游服务，约租车提供预约服务。这两类车辆都是专用的营运车辆，司机为专职司机，车辆和司机都需要事前获取监管部门发放的营运许可证。网约车服务是未经许可的非专职司机通过网络平台接受预约，用自己的私家车提供的运送服务。这样，雇用车服务就被区分为两类：一类是“专用营运雇用车服务”（Public Vehicle-for-Hire Services），包括原来的出租车和约租车，以下简称“专营车服务”；另一类是借助网络平台预约的私车服务。专营车服务和私车服务的最根本区别是，前者的司机和车辆准入均由政府监管机关直接发放许可，车辆是专用车辆、司机是专职司机，而后者的准入由私营公司把关，车辆是私家车、司机是非专职司机。

加拿大多伦多市议会于 2016 年 5 月通过了《多伦多市雇用车管理规定》，构建了网约车监管体系，同时放松了对出租车的管理限制。

该项规定将提供网约车服务的企业定义为私家车运输公司（Private Transportation Company，PTC），并为其设置许可项目。

第二种管理方式的典型代表是英国伦敦。与美国加州和华盛顿州、加拿大多伦多通过设立新的法案来管理网约车不同，伦敦将网约车纳入既有的法律框架中。伦敦市政府认可的出租车除了平常所说的巡游出租车（伦敦称为黑色出租车（Black Cap）具有出租车营业执照，车上有计价器，可以在道路上巡游，随叫随停）外，还有一类是迷你出租车（Minicap），此类出租车只能采用电话预约，行车路线和车费在订车时就已确定，即使堵车或绕路价格都不会变更，而同样的路程一般比黑色出租车要便宜30%左右。早在1998年，伦敦地区就通过了《约租车法案》〔*Private Hire Vehicles*（*London*）*Act* 1998〕对其进行管理。针对网约车这种新事物，伦敦市并没有设立新的法规体系，而是将网约车纳入到《约租车法案》的管辖范围之内，对其适用已有的规则。《约租车法案》通过立法的形式，对网约车平台公司、车辆和司机都设置了准入门槛，符合条件后颁发执照，准予运营。伦敦市交通局（Transport for London，TFL）是法案的执行和监督机构，下属的公共运输办公室（Public Carriage Office，PCO）专门负责处理平台公司、车辆和司机的执照申请，以及后续运营状况的检查。

在伦敦，任何公司，不论是有限责任公司、合伙企业还是个体经营者，如果想从事网约车运营，即通过一个数字化平台接受和分配来自乘客的网约车预定请求，都可以向伦敦交通局申请“约租车经营者执照”（London PHV Operator's Licence）。“约租车经营者执照”分为两类：一类是“小执照”（Small Operator's Licence），最多只能为2辆约租车提供服务；另一类是“标准执照”（Standard Operator's Licence），伦敦市交通局对于持有此类执照的经营者，没有接入车辆的限制。授予执照的具体条件包括：性质上必须是一个预订平台，任务仅在于处理预订网约车的订单申请和接单；严禁以街边召车的方式开展营运，违者甚至构成犯罪；申请人的公司名称和宣传广告中，不得使用出租车（taxi、cab）等令人误解的用语；在伦敦至少有一个运营中心，可以是一个办公室、一个工作单位甚至家庭所在地；拥有建筑使用许可证；有固定电话号码；商誉良好，公司无破产等负面信息，公司管理层也无不称职之处。如果顺利申请到平台执照，有效期一般为5年。

2. 对新业态的一般要求相同，但对新业态独有的特点采取适应其发展的监管要求

基于互联网与传统行业融合的新业态，既有原来传统行业的属性和特点，也有融合互联网所具备的新特点。所以在监管上，对于与传统行业相同的特点，采取原来的监管要求；而对于新的特点，则针对新业态采取新的监管要求，以适应其发展。具体如下。

（1）对新业态与原业态相同之处，如车辆性能、基本服务标准等采取相同的要求。

对于车辆的要求主要是指对车辆类型、年限、容量、重量、颜色等方面的要求。华盛顿哥伦比亚特区出租车委员会为了规范基于打车软件的运营模式，在2012年起草了对于出租车辆的行政规章规定，除了其他方面要求外，对于车辆重量的要求是不能少于3200磅，而且颜色必须为黑色或是蓝黑色。在车辆使用年限方面，哥伦比亚要求车辆的车龄在开始服务时不超过10年，服务期间内不超过12年。

在车辆类型方面，美国加州规定TNC企业仅能使用在道路上合法驾驶的跑车（coupe）、轿车（sedan），或包括货车（vans）、小货车（minivans）、多用途运动车（SUVs）和皮卡车（pickup trucks）在内的轻型汽车（light-duty vehicle）。掀背车（hatch backs）和敞篷车（convertibles）也在可以接受的范围内。同时，TNC 的运行车辆必须是没有在出厂规格基础上进行过改造的车辆。

在载客人数方面，美国加州规定拥有 100 万美元商业责任险的 TNC 企业可以运行有 7 个座位（包括司机）的车辆，拥有 150 万美元商业责任险的 TNC 企业可以运行有 10 个座位（包括司机）的车辆，在任何情况下 TNC 企业的运行车辆的载客数量都不能超过 10 人。科罗拉多州和哥伦比亚要求任何接入 TNC 的私家车必须是不少于四门、载客不超过 8 人（包括司机）的车辆。

在车辆包装方面，美国加州要求 TNC 的车辆在提供载客服务时，还需要进行一致的足够大的商业包装，并且在白天 50 英尺范围内能够通过颜色对比进行辨识。商业包装必须能够使乘客、政府官员或者公众将相应的车辆与特定的 TNC 企业联系起来。商业包装的类型包括但是不限于位于车门或者车顶上的标志或者符号。

在车辆安全检查方面，美国加州要求 TNC 企业审查的内容主要涉及 19 个方面，分别是：脚刹、急刹、方向盘、挡风玻璃、后视窗和其他玻璃、雨刷、前大灯、尾灯、转向灯、制动信号灯、前座调整机制、车门（开、关、锁）、喇叭、速度计、保险杠、消声器和排气系统、轮胎条件、内视镜和外视镜、司机和乘客的安全带。科罗拉多州也规定车辆在接入平台服务前必须经过全面的安全检验，至少每年进行一次定期检验，检验应当覆盖机动车的 19 个部件与加州的规定一致，并且 TNC 有义务保留每辆车的检验证明不少于 6 个月，公共事业委员会也有权对车辆进行检查。哥伦比亚特区要求车辆在开始服务前的 90 日内须通过有权威认证机构的全面安全检验，并且以后每年都要进行检验。此外，一些州对出租车辆的检测方式和检测公司也有限制性要求，即必须选择监管机构指定的检测机构进行检测。

（2）发挥新业态独特的优势并适应其特点，如价格基本放开、不设数量限制。

网约车的定价模式一般是根据市场实际需求实行价格浮动制，目前绝大多数国外政府都没有对这种“加价模式”施加过多限制。大体来看，国外政府对网约车的价格管制实行相对放开的态度。在美国哥伦比亚特区，立法机构认为，私车服务属于预约服务，平台公司可以自行设定运价标准，但费率必须依照法律的规定向公众披露，平台公司必须公开其运费计算的方法和标准，并提供每程的预估运价。平台公司必须对乘客提出的超出预估运价20%或者25美元的投诉进行核查。多伦多要求网约车价格不得低于当地出租车起步价（3.25加元），在此前提下，私家车运输公司可以自行制定价格，网约车每次报价需预先征得乘客同意，事后向乘客提供日期时间、起终点、总里程、单价、附加费、总价、司机姓名等详细信息。当然，一些特殊情况除外，比如Uber在2014年纽约大雪后和纽约市政府达成协议：今后再出现由市政府宣布的紧急情况时（包括极端天气状况），Uber的加价要限制在一定的规则之内，即依据加价日之前60天内的第四高加价倍数确定本次最高加价倍数。华盛顿特区也采取了与纽约市完全相同的做法。哥伦比亚特区规定，私车服务在政府宣布进入紧急状态的情况下，其运价须依法接受管制；德州首府奥斯汀市规定在州长宣布紧急状态的情况下，不允许加价；伊利诺伊州的查塔努加市规定在总统、州长、市长、县长宣布紧急情况时，不允许加价；加州、科罗拉多和弗吉尼亚等州也都有这方面的限制。

另外，由于网约车经营与市场经营密切相关，国外大部分政府都没有对网约车数量施加限制。纽约市市长曾经态度强硬的表示要在正式规定出台前，暂时限制交通网络公司运营车辆数目的增长，但是在2015年7月23日市政府妥协并与Uber达成协议，将不对运营车辆数目进行限制。西雅图最开始拟将网约车平台司机限制在150人以内，之后也完全放开了这一限制。目前，几乎所有的州市在通过交通网络公司法案时，都没有对交通网络公司运营车辆的数目进行限制，比如加州、科罗拉多州等都没有对当地网约车数量进行限制。

（3）针对新业态可能带来的一些新问题作出特别规定，如乘客隐私保护、补充保险、服务歧视等。

对于网约车带来的新问题，采取的方式如下。

一是要求对乘客隐私进行保护。对于如何保证网约车平台在掌握大量乘客行程信息以及信用卡信息的情况下，不泄露和侵害消费者隐私，并且为政府提供有价值的信息，是各国立法和行政机构都在考虑的问题。

二是要求网络平台公司和司机为乘客提供全覆盖保险。由于网约车涉及多方利益主体，其保险需求也更为复杂。美国加州规定每一家TNC企业在申请许可时都要将其保险政策提交给安全与执法部门（Safety and Enforcement Division），同时要将其保险凭证公布在CPUC的网站上。TNC企业必须建立商业责任保险政策，为不多于7人（包括司机）的车辆发生的事故提供至少100万美元的保险，为不多于10人（包括司机）的车辆发生的事故提供至少150万美元的保险。保险的范围包括TNC司机正在运送乘客或者前往接客的过程中。无论司机个人的保险是否足以支付索赔，TNC企业的保险范围都要涵盖所有的理赔。而且，一旦TNC公司的保险政策不再有效，对于其TNC资格的许可也将同时失效。在每一名司机提供服务之前，以及其提供服务的全部过程之中，TNC企业都必须获得司机的保险证明。TNC的司机被要求提供个人保险和商业超额责任险。2014 年 12 月，CPUC 对《关于通过保留交通行业准入的公共安全保护规则和规章的决定》进行了部分修订，将 TNC 的服务分成了三个阶段：开放 APP，等待匹配；接收匹配，但是乘客还没有上车；乘客已经上车和安全下车之前。对于其中的第二阶段和第三阶段，TNC 企业必须提供 100 万美元量级的主要商业保险，保险可以由司机个人或企业提供，或者是两者混合。对于无保险和保险不足的驾驶者，TNC 企业还要在第三阶段提供 100 万美元量级的保险。在第一阶段，TNC 企业需要针对死亡和受伤向每个人提供至少 5 万美元的保险，针对每起意外造成的死亡和受伤提供 10 万美元保险，并对财产损失提供 3 万美元保险。此外，在第一阶段，TNC 企业还要为司机因使用 TNC 的 APP 而引发的责任提供至少 20 万美元的保险。

科罗拉多州也要求网约车平台公司和司机均提供保险。该州的最终立法中要求 TNC 为每件涉及司机的事故提供保险金额不低于 100 万美元的责任保险。每名司机也要为其车辆购买不低于法定限额的责任保险。TNC 在同意司机接入网络平台服务前，应对司机购买此项保险的证据加以审核。

哥伦比亚特区对责任保险规定了详细的标准，在私车服务的开始及其全程，司机或者平台公司以司机名义，必须保有每起事故不低于 100 万美元保险金额的责任保险。在伦敦，平台和司机都有保险义务。伦敦市交通局对于网约车的保险要求主要有两个：一个是平台公司需要购买公共责任险（Public Liability Insurance），承保范围为公共责任风险，是为了应对一些公共突发事件，承保金额为 500 万英镑；另一个是有偿租车保险（Hire and Reward Insurance），网约车司机在营运之前需要购买此类保险，该保险承保范围较广，不仅包括司机与乘客的安全，还包括车辆的安全，承保金额也是500万英镑。针对运营过程中可能发生的意外，多伦多要求网约车与出租车一样需购置不低于200万加元的机动车责任险，私家车运输公司需要购置不低于500万加元的商业综合责任险。

另外，一些地区对于非歧视要求也作了详细的规定。作为一种交通服务，法律对整个雇用车服务都设定了相应的准入规范，私车服务也必须遵守。哥伦比亚要求平台公司不得对残障人士乘坐私车服务增加收费，私车服务的司机在车辆条件允许的情况下须装载残障人士的代步器械。所有的平台公司应当具备适于运营的网站，该网站应公布消费者服务电话、邮箱、投诉方式等，公开宣示其禁毒、禁酒和反歧视的政策。公司要在其网站和手机APP上提供盲人、聋人、有严重听力障碍的人可用的软件设置等。

3. 政府负责平台企业准入许可并制定平台监管车辆的要求，将车辆和司机准入管理下放给平台企业

当网约车不设数量控制时，监管工作量非常大，监管部门难以承受。因此，美国加州等地采取政府和网络平台合作监管的模式，实行政府设立标准、平台管理、政府监管的模式。这种监管方式一方面适应网约车的经营特点，降低了监管成本，另一方面通过监管和法律责任的约束，促使平台积极监管，确保车辆和司机符合准入标准。只有极个别地区采取政府直接监管网约车的做法。

（1）政府对网络平台企业进行准入管理，并要求平台公司定期提交营运数据报告。

国外政府一般对网约车平台公司实行许可证准入制度，由交通管理部门负责。美国通过法律的各州市都对网约车平台的运营许可和注册有一定的要求，几乎所有州和市都要求交通网络公司缴纳一定的许可费用。在美国加州，CPUC是TNC的主要管理部门，TNC只有得到CPUC授权的TCP-P（Transportation Charter-Party permit）许可才能开展运营业务。企业获得TNC的许可需要缴纳1000美元的费用，有效期是3年，对原有许可进行续展需要缴纳的费用是100美元。此外，TNC还需要向CPUC缴纳其在加州收入总额的0.33%以及额外的10美元行政管理费用。在美国科罗拉多州，TNC在开业前须满足法定的各项监管要求并向州公共事业委员会申请许可，许可费为325美元，有效期1年。在加拿大多伦多，私家车运输公司需要向市牌照和许可证管理办公室申请许可，许可申请及使用费由司机数量和服务数量决定。

为了更好地对网约车平台企业及其司机进行管理，一些地方政府要求企业向管理部门提交运营数据报告或者运营资质报告。加州CPUC就对TNC提出了一系列年度报告要求，要求TNC接入一个州政府主管部门管理的司机驾驶信息查询系统，提交订单信息，希望了解每个行政区域内的订单数量、车费信息、与专车驾驶员有关的车祸信息以及订单履行率等数据。具体包括：一是TNC企业需要提交可行性规划，规划内容涉及APP的修订、车辆的改善、网站完善等；二是TNC企业需要向安全与执法部门（Safety and Enforcement Division）提交关于司机在每个邮政编码区域运行时所收到和接受的乘车要求的详细数量的报告，报告必须以电子表格形式提供乘车信息，包括日期、时间、邮编区域等；三是TNC企业每年需要以电子表格形式向安全与执法部门提交关于司机违法和被暂缓运营的具体数目，以及发生交通事故的具体信息；四是TNC企业每年需要向安全与执法部门提交关于司机为企业运营行驶的平均时长和平均里程；五是TNC企业还需要每年向CPUC提交通过公司培训并完成相应课程的司机数目的报告。

美国多个地方政府和监管部门根据监管要求或城市交通规划的需

要希望 Uber 提供“行程日志”。在波士顿，Uber 同意向通过州法的马萨诸塞州首府波士顿市提供季度“行程日志”，信息包括每次行程开始和结束时间、行程距离、乘客上车地点和目的地邮编信息等。2015 年 1 月，Uber 由于没能按照要求主动定期提供“行程日志”，其部分运营在纽约被禁止。

哥伦比亚特区地方政府为激励和约束平台公司履行其管理义务，在《创新法》中为平台公司设定了相应的法律责任。要求平台公司应是合法登记成立的公司，在哥伦比亚特区有登记的代表机构，公司应当向监管机构（哥伦比亚特区出租车委员会，District of Columbia Taxicab Commission，：DCTC）提交一系列证明文件，证明自己已经达到法律设定的各项义务，同时平台公司每年要向 DCTC 报告和证实运营人合规营运。《创新法》授权 DCTC 对私车服务进行监管，其权限与监管专营车服务类似。例如，DCTC 执法人员有权责令私车服务车辆停车接受检查，有权调查处理乘客投诉，依照规章做出罚款等处罚。DCTC 有权调查和复制平台公司的有关消费者保护的数据资料，有权对平台公司和运营人的违法行为查处和进行处罚。

（2）政府设定车辆和司机准入标准，由网络平台企业负责审核。

各国和地区的政府一般对参与网约车运营的车辆和司机设定基本的准入标准，并交由平台公司审核。美国哥伦比亚特区《创新法》规定平台公司有义务核实运营人及其车辆确实达到了法律要求的标准，依照监管要求培训运营人，设置运营人（即司机）申请程序，并对有关车辆和运营人的信息作持续备案和更新。司机在申请时须提供以下背景信息：本地和全国范围的刑事背景核查信息；全国范围的性侵案件数据库核查信息；全部的驾驶记录。这些背景核查信息必须由经权威认定的第三方机构提供，平台公司进行核实。美国加州和科罗拉多州也要求TNC企业在认可司机之前要对其进行全国范围内的犯罪背景调查，犯罪背景调查主要基于全美性侵数据库和司机申请者的社会保险号展开，同时必须建立司机培训项目以确保所有司机在提供运送服务前都能够安全驾驶车辆。加拿大多伦多要求网约车司机向平台公司提交申请材料，由平台公司承担审查责任。司机经审查后，可以用自己的私家车从事客运服务，所用车辆不需要安装计价器、顶灯、摄像机、紧急闪光灯和外观标识等，网约车司机没有最低营运时间要求。美国加州要求TNC企业必须对所有车辆进行审查并留存审查记录以备审计之用，审查可以由TNC自己完成，或者由加州汽车修理局（California Bureau of Automotive Repair）授权的第三方完成。

在美国目前通过的法案中，对于TNC公司的司机背景检查，各州市采取了以下三种做法：一是要求所有的租车公司的司机采用一样的标准，即传统出租车行业的标准，如纽约市和德州的休斯敦市；二是对于交通网络公司的司机采用不同的标准，既没有像对传统出租车那样要求严格，也没有允许完全由租车公司自己检查，而是采取了将TNC作为特殊类别采用不同于传统出租车行业的相对宽松的标准，加州、伊利诺伊州、科罗拉多州和华盛顿特区等大多数通过法案的州市目前都采用这种做法；三是“没有标准”，亦即允许交通网络公司自己来进行司机背景检查，如马萨诸塞州的波士顿和佛罗里达州的迈阿密戴德县。

国外政府对网约车司机的基本要求包括：持有有效的驾驶证，年龄不小于21岁，提供驾驶年限证明（一般为1年），在7年之内没有药驾或酒驾、诈骗、性侵、使用机动车犯下重罪、财产损害或者盗窃罪、暴力行为、恐怖行为等，持有购买合格保险的证据，所驾驶的车辆符合基本要求。

(3) 个别地区由政府直接负责车辆和司机准入。

在伦敦,网约车司机需要事先获得伦敦交通局颁发的“网约车司机执照”(London PHV Driver's Licence),申请的条件包括:申请时必须年满21岁,但没有年龄上限的要求;必须持有英国驾驶执照及车辆牌照办事处(Driver and Vehicle Licensing Agency, DVLA)、北爱尔兰或欧洲经济区(European Economic Area, EEA)的有效驾照,且具有3年以上驾龄;申请人必须有权在英国合法生活和工作;必须具有良好的品行,为此申请司机需要通过一个“强化版”的犯罪记录审查;身体健康,达到DVLA 2级分类的医学标准,这意味着申请人必须通过专业的医学检查,而且检查医生可以查询到申请人过往所有病史;通过由专业机构主持的地理能力评估,包括看地图和规划路线的能力;无道路违法记录和其他犯罪记录,包括不能有任何主要的暴力犯罪(如谋杀、拐卖儿童等)、不能有严重的性犯罪记录(不论年龄大小)、10年以内不能有超过一项的犯罪记录以及不在任何个人安保机构的禁止名单之列。

此外,司机在营运时,伦敦市交通局也有一些要求,主要集中在佩戴徽章和帮助残疾人方面。比如,必须在显眼位置佩戴专门的网约车司机徽章,必须允许导盲犬等上车,有足够的空间和设施可以安放残疾人轮椅等。

伦敦市交通局并不禁止私家车从事网约车营运,只要符合伦敦交通局设定的准入门槛,私家车一样可以顺利申请到“网约车执照”。车辆准入条件如下:必须服务于私人租车出行(Carrying Passengers for Hire),且以营利为目的,以此区别于公共服务车辆(如急救车)和单一用途的礼宾车(如只为了婚礼或葬礼而使用);车辆座位少于9座(包括司机);车辆按照《道路交通法案》(*Road Traffic Act* 1988)

的要求购买保险；机动车行驶证中车辆类型为 V5c 类；车辆的大小、类型、设计须符合法律规定，以及具有安全舒适的车况，所以必须通过指定检测中心进行的车检，检测内容涵盖引擎、车灯和座椅等 15 个方面；年检要求；车辆不得有大的改装；车辆不得使用任何可能会导致误认为其是出租车的设计和外观；安装专门的牌照以作识别。车辆执照有效期为 12 个月，而且从执照授予之日起，网约车免收交通拥堵费。

4. 对新业态作少量限制并放松传统出租车行业监管要求，以部分平衡传统行业利益

网约车的快速发展挤占了原有传统出租车行业的市场份额，打破了原有的利益平衡，为了维持市场稳定和更好地平衡各方利益，有的政府部门对网约车施加了少量的限制，主要包括经营区域和经营过程等方面。在区域限制方面，以美国为例，尽管各州对网约车的管制整体呈现宽松态势，但为平衡各方面利益也对 Uber 设定了一定的限制，有的地方不允许 Uber 专车在特定区域提供服务。如芝加哥市规定 TNC 的车辆不能在奥黑尔国际机场、中途国际机场和麦考密克广场会议中心接送乘客；在加州，TNC 企业的经营范围基本上没有限制，但是若想在机场运营必须取得机场的授权。

在具体运营过程中，国外政府一般都规定网约车只能通过在线平台接收订单，不得进行路边巡游。美国加州规定 TNC 不允许使用自己的车辆进行运营，司机只能根据预先设定的路线载客，并被严格禁止接受路边的招手打车。科罗拉多州、哥伦比亚特区等也规定 TNC 的司机只能通过网络平台接受预约，不得从事道路巡游，服务时应当显示 TNC 的商业标识。加拿大多伦多也要求网约车不得提供巡游服务，也不得进入出租车停靠站载客。

此外，为更好地维护传统出租车行业的利益，也有国外政府对传统出租车行业进行监管改革。多伦多市议会通过的《多伦多市雇用车管理规定》就放松了对出租车的管理限制，将出租车牌照使用费从390加元/年下调为130加元/年。在成本下降的同时，出租车司机还可以利用车身提供广告服务以增加收入。在此之前，只有出租车经纪公司向市牌照及许可证管理办公室申请后，方可以进行车身广告。多伦多市还计划进一步推进改革，减少因公司管理、牌照转租等产生的“中间”成本。多伦多当地政府还适度放开了出租车价格管制，规定出租车通过互联网或电话提供预约服务时，可以进行运价的上、下浮动（在巡游服务和停靠站候客时仍需执行规定价格）。

四、我国对网约车的规制和问题分析

近几年来，随着网约车的不断发展，我国政府也适时出台了一系列相应的政策。2016年7月28日，我国发布了《网络预约出租汽车经营服务管理暂行办法》和《国务院办公厅关于深化改革推进出租汽车行业健康发展的指导意见》（国办发〔2016〕58号）两份文件，正式承认了网约车的合法地位。

（一）政府规制网约车情况

1. 早期采取传统出租车行业管理模式，依据《道路运输条例》对网约车进行准入管理

在网约车发展早期，我国运营管理部门依据《道路运输条例》（2012年修订版）对网约车进行管理。该法规最早于2004年4月30日发布并于当年7月1日开始实施，2012年进行了修改。《道路运输条例》的主要管辖范围包括道路旅客运输和道路货物运输，其中第十

条规定“从事客运经营的，需要向道路运输管理机构申请道路运输经营许可证和车辆营运证”，这也是无证车辆被相关部门认定为“黑车”的主要法律依据。

具体来说，全国一些典型地区的执行情况如下。

北京市鼓励传统出租车与互联网融合，将不符合汽车租赁准入要求的网约车限于非营利性运营领域（拼车）。2014 年 1 月，北京市政府出台了《北京市交通委员会关于北京市小客车合乘出行的意见》，将小客车合乘定义为“出行线路相同的人共同搭乘其中一人小客车的出行方式。按照是否分摊费用分为公益型合乘和互助型合乘；按照合乘方式分为上下班通勤的长期合乘和节假日返乡、旅游的长途合乘”。此项政策承认了拼车行为在北京市的合法地位，但是，北京市同时又规定私家车不允许进行营利性的营运。2014 年 8 月，北京市交通委员会运输管理局下发《关于严禁汽车租赁企业为非法营运提供便利的通知》，把自行登记注册汽车租赁企业但不按规定备案并将各类私家车聚于名下界定为非法营运活动，还对租赁汽车、私家车等进行严格界定，严禁私家车辆或其他非租赁企业车辆用于汽车租赁经营，而且汽车租赁经营者购置车辆须向监管部门申报备案。整体上看，北京市政府在这一阶段对于互联网与租用车行业融合发展的态度是：对传统出租车与互联网的融合给予支持并进行明确的规定；对小客车合乘给予肯定，但是将其定义为公益型和互助型，也就是说合乘行为是不存在专门的市场化运营的；对于私家车参与营运明令禁止。

上海市经历了要求网约车符合传统准入要求到放宽准入的转变。2014 年 8 月，上海市开始实施《上海市查处车辆非法客运若干规定》和《上海市查处车辆非法客运办法》，两者均强调“禁止利用未取得营业性客运证件的汽车从事经营性客运活动”，规定“利用互联网网站、软件工具等提供召车信息的服务商，应当遵守客运出租汽车调度服务规范，并向市交通行政管理部门提供客运服务驾驶员和车辆的信息。经市交通行政管理部门认定客运服务驾驶员或者车辆不具备营运资格的，前款规定的服务商不得提供召车信息服务”。可见，上海市将没有营运许可证的网约车认定为非法。但一年后，上海市放宽了网约车准入要求，只对网约车平台进行准入管理，不再对车辆和驾驶员采取准入要求。2015 年 10 月，在由中国互联网协会、滴滴公司主办的“约租车（专车）模式上海创新与实践”论坛上，上海市交通委正式宣布向上海奇漾信息技术有限公司（滴滴快的旗下专车运营实体）颁发第一张《上海市出租汽车经营资格证书》，核准经营范围为“约租车网络平台”，这标志着上海市对约租车行业发展开始实施准入管理。而且，上海试点方案中并未对参与专车运营的车辆性质进行特别规定，即私家车在上海参与专车运营不必把车辆的性质从“非营运车辆”改登记为“营运车辆”。可以认为，上海市对于专车运营给予了相对宽松的政策规定。

其他城市的地方政府大多对网约车给予打击，比如广州、成都等（见专栏 6－1），有的则未给予明确规定。

【专栏 6－1】 我国各地政府部门早期对网约车的监管情况

2015 年 6 月 5 日，北京市交通委宣传部表示，北京市交通委认定 Uber 等互联网打车 APP 公司使用并招募私家车司机参与营运的行为违法。

2015 年 7 月 9 日，上海市交通局开展“专车”非法客运专项整治行动，主要针对部分召车信息服务商对注册的驾驶员、车辆是否具备营运资格不作核实，导致合法、正规的客运服务队伍中混入了“黑车”和“黑车”驾驶员。

2015年4月15日，全国首例专车行政诉讼案在济南市市中区法院公开开庭审理，涉嫌专车营运的司机与运管部门在法庭上针锋相对①。

2015年4月30日，广州市工商、交通运输委和公安三部门联合行动，以“涉嫌非法经营”的名义检查了广州Uber分公司，对该公司所涉嫌的未办理工商登记手续、涉嫌无照经营，组织不具备运营资质的私人车辆从事非法营运活动等行为进行了查处。在官方声明中，广州市交委重申了对各类“专车”软件的管理立场，禁止私家车接入平台参与经营；凡利用私家车等社会车辆从事“私租车”服务的，均涉嫌非法营运，将依法处罚。

2015年1月，成都市交委发布通告，将“私家车和社会车辆等非营运车辆通过手机注册专车软件从事营运活动的行为”定性为违规行为。2015年5月6日，成都市交通运输委与市工商局、市公安局人员对Uber进行联合检查，原因也是Uber涉嫌组织私家车接入平台，从事非法营运，但是并没有对Uber的业务进行查封。交委还对Uber成都办事处进行约谈和告诫，明确要求优步成都分公司“必须严格遵守国家法律法规，禁止私家车介入平台参与经营”。

2015年8月初，香港警方以涉嫌违反香港《道路交通条例》等为由，拘捕数名Uber职员及司机。

① “陈超诉被告济南市城市公共客运管理服务中心行政处罚一案”于2015年3月18日由济南市市中区法院受理，2015年4月15日开庭，并宣布择期宣判，之后分别于当年6月、9月和12月3次延期宣判，2016年12月30日，济南市市中区人民法院对该案作出一审判决：撤销被告济南市城市公共客运管理服务中心于2015年2月13日作出的鲁济交（01）罚（2015）8716号《行政处罚决定书》。法院二审维持了原判。

2. 中央政府确认网约车新业态，制定基本准入条件

中央有关网络约租车行业的政策主要可以分为两类，第一类是传统出租车行业与互联网融合的政策，第二类是其他类别车辆与互联网融合的政策。针对传统出租车的政策相对来看没有太大的争议。2014年7月17日，交通运输部办公厅针对传统出租车的电召服务发布了《关于促进手机软件召车等出租汽车电召服务有序发展的通知》，对终端软件、价格管理、市场监管等问题进行了说明。

对于私家车从事网约车业务，交通运输部的政策经历了从最初禁止到后来采取准入管理的转变。2014年9月30日，交通运输部发布《出租汽车经营服务管理规定》（中华人民共和国交通运输部令2014年第16号），并于2015年1月1日起施行，对出租汽车的经营许可、运营服务、运营保障、监督管理和法律责任等进行了规定。其中明确规定参加预约出租汽车经营的出租汽车须取得车辆经营权，驾驶人员须取得符合要求的从业资格证件，汽车的车身颜色和标识应当有所区别，并规定预约出租车不得巡游揽客。2014年12月30日，交通运输部发布《关于全面深化交通运输改革的意见》（交政研发〔2014〕242号），提出“完善市场准入制度”“推进出租汽车行业市场化改革”“加强对手机召车等新型服务模式的规范管理，鼓励发展多样化约车服务”。2015年1月8日，交通运输部官方网站发布消息“交通运输部：鼓励创新但禁止私家车接入平台参与专车经营”，表示“专车”服务应根据城市发展定位与实际需求，与公共交通、出租汽车等传统客运行业错位服务，开拓细分市场，实施差异化经营。2015年10月10日，交通运输部发布了《网络预约出租汽车经营服务管理暂行办法（征求意见稿）》，对经营者、车辆、驾驶员、预约行为、监督检查等内容进行规定。同时，国务院办公厅发布了《关于深化改革进一步推进出租汽车行业健康发展的指导意见（征求意见稿）》，其中提出要“促进互联网与出租汽车融合发展。多部门联合制定规章，完善市场准入退出条件，加强事中事后监管”“规范新型网络预约出租汽车发展。对网络预约出租汽车的经营者、车辆和驾驶员依法实施许可管理”。

2016年7月28日，《网络预约出租汽车经营服务管理暂行办法》（以下简称《暂行办法》）和《国务院办公厅关于深化改革推进出租汽车行业健康发展的指导意见》（国办发〔2016〕58号）两份文件最终发布，并于同年11月1日开始实施。新的《暂行办法》对网约车平台公司、网约车车辆和驾驶员、网约车经营行为等进行了规范。2016年9月9日，交通运输部公布了新修订的《出租汽车驾驶员从业资格管理规定》和《巡游出租汽车经营服务管理规定》，并于10月1日起实施。修订后的《出租汽车驾驶员从业资格管理规定》将适用范围扩大至网约车司机，明确规定，出租汽车驾驶员从业资格包括巡游出租汽车驾驶员从业资格和网络预约出租汽车驾驶员从业资格等，并结合网约车新业态的特点，对驾驶员条件、考试内容、证件类别、注册管理、继续教育以及法律责任等方面作了适应性调整。交通运输部认为，无论网约车还是巡游车，提供的是面向公众的普遍客运服务，依法对驾驶员实行准入管理，这是行业管理部门为保证运输安全和服务质量的底线要求。此外，为健全网约车的行政管理体系，交通运输部办公厅等6部门于2016年11月3日共同发布了《关于网络预约出租汽车经营者申请线上服务能力认定工作流程的通知》（交办运〔2016〕143号）；2016年12月28日，交通运输部办公厅印发了《网络预约出租汽车监管信息交互平台总体技术要求（暂行）》（交办运〔2016〕180号）。

《暂行办法》确认了网约车的概念，采取许可证方式对网约车进行管理。在网约车经营许可方面，《暂行办法》规定申请从事网约车经营的，应当根据经营区域向相应的出租汽车行政主管部门提出申请，并提交相关材料；出租汽车行政主管部门对于网约车经营申请作出行政许可决定的，应当明确经营范围、经营区域、经营期限等，并发放《网络预约出租汽车经营许可证》。

《暂行办法》针对网约车的新特点，在平台数据报送、数据隐私等方面提出了一些新的要求。《暂行办法》要求，网约车平台公司需要具备开展网约车经营的互联网平台和与拟开展业务相适应的信息数据交互及处理能力，具备供交通、通信、公安、税务、网信等相关监管部门依法调取查询相关网络数据信息的条件，网络服务平台数据库接入出租汽车行政主管部门监管平台，服务器设置在中国内地，有符合规定的网络安全管理制度和安全保护技术措施。在数据隐私方面，《暂行办法》规定网约车平台公司应当通过其服务平台以显著方式将驾驶员、约车人和乘客等个人信息的采集和使用的目的、方式及范围进行告知。未经信息主体明示同意，网约车平台公司不得使用前述个人信息用于开展其他业务。除配合国家机关依法行使监督检查权或者刑事侦查权外，网约车平台公司不得向任何第三方提供驾驶员、约车人和乘客的姓名、联系方式、家庭住址、银行账户或者支付账户、地理位置、出行线路等个人信息，不得泄露地理坐标、地理标志物等涉及国家安全的敏感信息。网约车平台公司所采集的个人信息和生成的业务数据，应当在中国内地存储和使用，保存期限不少于 2 年，除法律法规另有规定外，上述信息和数据不得外流。

另外，在权利责任的界定方面，《暂行办法》规定网约车平台公司承担承运人责任，应当保证运营安全，保障乘客合法权益，并且网约车平台公司应当与驾驶员签订多种形式的劳动合同或者协议，明确双方的权利和义务。在价格设定方面，《暂行办法》认可网约车实行市场调节价，但是网约车平台公司应当公布确定符合国家有关规定的计程计价方式，建立服务评价体系和乘客投诉处理制度，如实采集与记录驾驶员服务信息。在保险方面，《暂行办法》规定网约车平台公司应当为乘客购买承运人责任险等相关保险，充分保障乘客权益。

3. 地方政府出台实施细则，制定详细的准入要求

《暂行办法》规定了国家各级交通管理部门在网约车管理方面的职责。国务院交通运输主管部门负责指导全国网约车管理工作，各省、自治区人民政府交通运输主管部门在本级人民政府领导下，负责指导本行政区域内网约车管理工作，直辖市、设区的市级或者县级交通运输主管部门或人民政府指定的其他出租汽车行政主管部门在本级人民政府领导下负责具体实施网约车管理。因此，在网约车国家政策出台后，各地开始制定本地实施细则。一些典型地区情况如下。

（1）北京市情况和政策。

2016 年 12 月，北京市发布了多项网约车相关政策，主要包括《关于深化改革推进出租汽车行业健康发展的实施意见》（京政办发〔2016〕49 号）、《北京市网络预约出租汽车经营服务管理实施细则》（京交文〔2016〕216 号）、《北京市私人小客车合乘出行指导意见》（京交文〔2016〕217 号）、《北京市网络预约出租汽车驾驶员从业资格考试管理规定（试行）》《北京市网络预约出租汽车行政许可程序性规定》。同时，北京市启动办理网络预约出租汽车平台公司、驾驶员和车辆资质许可相关工作，并设定了 5 个月的过渡期，北京市政务服务中心市交通委运政业务窗口负责办理申请平台公司和车辆资质许可，北京市交通运输考试中心负责办理申请驾驶员资质许可。

北京市要求网约车驾驶员具有本市户籍，经指定考试机构考试合格，并且申请之日前1年内无驾驶机动车发生5次以上道路交通安全违法行为，且名下没有其他巡游车和网约车，并驾驶自有车辆提供网约车服务。在网约车车辆方面，要求车辆所有人同意车辆使用性质登记为“预约出租客运”，并且个人名下最多登记一辆巡游车或网约车，网约车资质由网约车平台公司申请，车身须张贴网约车专用标识。北京市对网约车平台公司实行经营权期限制，经营期4年。

在权益保障方面，网约车平台公司依法承担承运人责任、安全生产责任和企业社会责任，承担车辆和驾驶员的安全管理职责，购买履行承运人责任的相关保险，保障运营安全和乘客合法权益。具体来说，网约车平台公司应当承担旅客伤亡的损害赔偿责任，旅客自带物品损毁、灭失的过失赔偿责任，以及驾驶员权益保护责任等。网约车车辆需要购买营业性车辆交强险、第三者责任险和乘客意外伤害险。

此外，北京市明确私人小客车合乘包括拼车和顺风车，是“由合乘服务提供者事先发布出行信息，出行线路相同的人选择乘坐驾驶员的小客车、分摊合乘部分的出行成本（燃料费和通行费）或免费互助的共享出行方式”，合乘不以盈利为目的，合乘双方合理分摊费用，驾驶员应有1年以上驾龄并且合乘车辆为本人所有，每车每日提供的合成服务不得超过2次。此外，还要求平台实行实名注册，软件的合乘功能应与巡游车、网约车软件功能分别设置，每车每日派单不超过2次。

（2）上海市情况和政策。

2016年12月21日，上海市人民政府发布《上海市网络预约出租汽车经营服务管理若干规定》（沪府令48号），对上海市网络预约出租汽车的经营服务进行规范。

该规定提出，网约车平台需要投保承运人责任险；网约车车辆需要在上海市注册登记，并投保营业性交强险、营业性第三者责任险和乘客意外伤害险。网约车驾驶员需要具有本市户籍，自申请之日前1年内无驾驶机动车发生5次以上道路交通安全违法行为，自申请之日前5年内，无被吊销出租汽车从业资格证的记录，截至申请之日无5起以上道路交通违法行为逾期尚未接受处理的情形。网约车平台公司的行政许可、网约车车辆的运输证和驾驶员注册的有效期均为3年。个人仅限为其所有的一辆车辆申请从事网约车经营。在网约车平台责任方面，网约车运营服务中发生安全事故，网约车平台公司对乘客的损失承担先行赔付责任；网约车平台公司应当与驾驶员签订劳动合同或者协议，建立劳动关系的，应当依法订立书面劳动合同，依法缴纳社会保险费；签订其他协议的，应当包含营运期间驾驶员的意外伤害保障条款。网约车不得发布机场、火车站巡游车营业站区域内的召车信息。此外，该规定还明确了对网约车平台和网约车驾驶员违反相应规定的具体处罚措施。

（3）广州市情况和政策。

广州市于2016年12月21日发布了一系列与网约车相关的政策文件，主要包括《广州市网络预约出租汽车经营服务管理暂行办法》（广州市人民政府令第144号）、《广州市人民政府关于深化改革推进出租汽车行业健康发展的实施意见》（穗府〔2016〕20号）和《关于查处道路客运非法营运行为涉及私人小客车合乘认定问题的意见》（穗交规字〔2016〕3号）。

在经营许可方面，由广州市交通行政主管部门核发网络预约出租汽车经营许可证，许可证有效期为5年。在网约车车辆方面，要求取得本市公安交通管理部门核发的机动车行驶证，且初次注册登记取得机动车行驶证之日至申请网络预约出租汽车运输证之日未满1年；不得与巡游出租汽车（以下简称巡游车）的外观颜色和车辆标识相同或者相近，不得安装顶灯、空载灯等巡游车服务设施设备。对于网约车车辆的所有者，车辆所有者为企业法人的，近1年要求未发生重大安全生产责任事故；车辆所有者为个人的，已取得本市网约车驾驶员从业资格，名下无尚在经营使用期内的网约车，且近3年不存在网约车驾驶员服务质量信誉考核结果A级以下等级的情形。在网约车驾驶员方面，驾驶员应当具有本市户籍或者已在本市办理居住证，具有初中毕业以上文化程度。

在相关主体的责任义务方面，广州市明确规定网约车平台公司要为乘客购买保险金额不低于100万元的承运人责任险，保证车辆具有营业性机动车交通事故责任强制保险，鼓励车辆购买营业性第三者责任险和乘客意外伤害险等保险。网约车平台公司应当将有关营运设备以及数据库接入政府监管平台。网约车平台公司应当与驾驶员签订劳动合同或者协议，明确双方的权利和义务。驾驶员已与其他用人单位建立劳动关系的，网约车平台公司与驾驶员应当协商签订劳动合同或者协议；驾驶员未与其他用人单位建立劳动关系的，网约车平台公司应当依法与驾驶员签订劳动合同。

此外，在价格方面，广州市规定网约车运价实行市场调节价，但是必要时市人民政府可以依法实行政府指导价。在网络预约出租汽车运输证的变更方面，广州市对继承、企业法人合并、分立或者变更经营主体名称等情况进行了相应的规定。

对于私人小客车合乘的拼车和顺风车，广州市规定私人小客车合乘出行分摊的出行成本仅限于车辆燃料（用电）成本及通行费等直接费用，分摊费用不得超过上述直接费用，分摊费用只能按合乘里程计费。合乘平台可在合乘者分摊的费用中提取一定比例的信息服务费。并且，私人小客车合乘不属于道路运输经营行为，为合乘各方自愿的民事行为，相关权利、义务及安全责任事故等由合乘各方依法、依约自行承担。

（4）成都市情况和政策。

2016 年 11 月 15 日，成都市交通运输委员会等 7 部门联合发布《成都市网络预约出租汽车经营服务管理实施细则（暂行)》。

该实施细则规定，成都市的网约车行政许可经营区域为全市行政区域范围，经营期限为 5 年，但是不得在机场、车站等巡游出租汽车驻点候客区域揽客。对于网约车车辆，要求具有本市号牌，车身不得喷涂、安装巡游出租汽车专用图案、标识。网约车平台公司应当组织拟在本平台从事网约车服务的车辆在公安、交通运输部门进行“预约出租客运”登记并提交相关申请。对于网约车驾驶员，要求具有成都市户籍或者成都市居住证。

在乘客权益保障方面，网约车平台公司承担承运人责任，承担安全事故先行赔付责任；建立乘客投诉处理制度和乘客失物登记、保管、查找制度，网约车平台公司接到乘客投诉后，应在 24 小时内处理，5 个工作日内处理完毕，并将处理结果告知乘客；为乘客购买承运人责任险等相关保险，车内人员伤、亡保险额度不低于每人每次事故 100 万元。

（二）网约车行业规制的国内外比较

与国外对网约车的规制相比，我国的规制具有如下特点。

1. 对网约车平台公司所在地提出要求，国外一般不作要求

网络经济的特点之一是跨地域性。《暂行办法》采取传统出租车

行业的管理模式，要求网约车平台公司“在服务所在地有相应的服务机构及服务能力”。而国外政府一般无此要求，只有伦敦市政府要求网约车平台公司“在伦敦至少有一个运营中心”，但是其具体约束也相对宽泛，因为伦敦市政府所要求的“运营中心”可以是一个办公室、一个工作单位甚至家庭所在地。

网约车与传统出租车有所不同，传统出租车有着相对严格的区域划分，甚至每个县区级别的行政区划内都有一家或者几家出租车公司；而网约车平台公司即使在全国范围内也为数不多，通常是同一家公司在全国范围内经营，强制要求网约车平台公司在每一个服务所在地开设分支机构增加了企业的运营成本，打击了企业的积极性。

2. 对车辆提出超出一般安全性的要求，国外主要对车辆提出安全要求

我国将网约车定位为“高品质服务”，《暂行办法》指出“车辆的具体标准和营运要求，由相应的出租汽车行政主管部门，按照高品质服务、差异化经营的发展原则，结合本地实际情况确定”。在我国地方政府实践中，很多地方都为网约车的运营标准和运营数量等方面设置了较多门槛。从国外经验来看，国外政府一般是在依法或者专门的政策规章中列出了对于网约车车辆的基本要求（最低要求），而且对于接入网约车平台的车辆没有数量限制。

3. 对车辆和司机直接进行准入管理，国外一般由平台企业进行资质审查

《暂行办法》对车辆和司机采取准入管理。《暂行办法》规定“任何企业和个人不得向未取得合法资质的车辆、驾驶员提供信息对接开展网约车经营服务。不得以私人小客车合乘名义提供网约车经营服务。网约车车辆和驾驶员不得通过未取得经营许可的网络服务平台提供运营服务”。要求网约车平台、网约车车辆和司机获得政府准入资质。而国外的通行做法是由政府机构负责网约车企业的许可准入，设定对网约车车辆和司机的基本要求，并由企业对车辆和司机进行审查。在具体运营中，网约车平台公司通常有足够的动力去申请经营许可，但是很多私家车主自己不愿意去考取网约车驾驶资格证，使得现实中很多网约车依旧属于“黑车”状态。

4. 部分地方对网约车数量进行限制，国外没有规模限制

如我国兰州市城运处负责人表示，兰州市将严格控制网约车发展规模，根据市场需求合理制定网约车投放数量，在准入端对网约车实行合理管控。据估算，兰州市运营车辆饱和状态应该在1.5万辆左右，目前兰州市出租车的保有量为1万辆，加上政府未来两年的投入，应该达到1.2万辆。照此算，留给网约车的数量仅为3000辆左右。

五、对网约车规制的建议

网约车平台通过数字网络匹配司机和乘客，提升了交通的便利性，允许人们分担交通成本，促进了个性化用车市场高品质、多样化和差异性发展。虽然我国《网络预约出租汽车经营服务管理暂行办法》的正式出台确立了网约车在我国的合法地位，并为行业规制提供了一个基础的可执行标准。但是，该暂行办法还有待于在实践中进一步检验和完善。借鉴国外对网约车的规制经验，建议如下。

（一）在管理制度上充分考虑网约车与传统出租车的差异

在原则上，要肯定和支持互联网在租用车领域的应用。通过对网约车的科学定义，实现私家车闲置运力的有效利用。在管理制度上，充分考虑网约车司机中多数为兼职、工作时间弹性大等特点，让网约车司机能够较自由地进入和退出市场。通过动态计价机制发挥网约车运力供给的弹性优势，借助市场力量维持不同时段的供需均衡。

（二）加快传统出租车行业改革，以缓解网约车出现造成的影响

面对网约车新业态的快速增长，长期管制下的出租车行业受到市场竞争的冲击。所以，在肯定网约车模式的同时，也要对传统出租车行业进行一定的改革，以提升出租车行业的竞争力。比如降低牌照使用费以减少出租车司机成本，实行灵活定价以激发市场活力，改革管制制度以保证司机拥有更多自主权等。

事实上，有些地方已经开始了出租车改革的尝试。2015 年 5 月，浙江省义乌市政府公布了《义乌市出租汽车行业改革工作方案》，提出要放松企业经营出租车的市场准入标准、下调并最终取消“出租车营运权有偿使用费”、加快发展约租包车等运营模式、推进价格市场化等改革措施；并预计从 2018 年起，有序放开出租车的数量管控，最终实现以市场化机制决定出租汽车总量的局面。2016 年 3 月，住房和城乡建设部与公安部联合发文，决定废止《城市出租汽车管理办法》。其中，关于“城市的出租汽车经营权可以实行有偿出让和转让”，也就是老百姓口中俗称的“份子钱”，最为出租车司机所诟病；另外，只规定“出租汽车实行扬手招车、预约订车和站点租乘等客运服务方式”，已经涵盖不了近两年流行的网络约车方式。

（三）明确网约车和出租车的竞争规则

为维持公平竞争，应当通过限制最低运价避免网约车对出租车产生恶意竞争；要求网约车不得巡游服务或站点候客，划清行业界限；

在互联网预约服务领域，通过放开价格管制，确保出租车可以与网约车公平竞争。对此，《网络预约出租汽车经营服务管理暂行办法（征求意见稿)》基本都有所涉及，但是在价格方面，应该特别注意网约车的各种优惠券补贴制度对于正常市场秩序的干扰。

（四）不断优化对网约车监管的细节

首先，要明确网约车不是出租车，不纳入出租车管理范畴。虽然网约车与出租车一样也需要申请执照方能运营，但网约车平台公司拿到的是专门的约租车执照，并不是出租车经营执照，而且申请条件也有诸多不同。另外，对于车辆和司机是否需要实行许可管理也需要考虑。其次，不对网约车数量加以限制。从国外经验来看，通过网约车相关立法的机构大多没有对网约车的数量进行限制，只有个别政府针对特定区域（如机场）限制了网约车的经营。再次，采取“政府监管平台，平台约束司机”的合作监管模式。虽然监管机构对于平台公司、车辆和司机都设置了相应的准入门槛，但是国外政府一般把监管重点放在了网约车平台公司方面。最后，对于出租车司机的从业资格考试，无论考试难度如何，这一流程性要求都极大地打击了网约车行业的发展，因为多数司机都是将网约车作为一项兼职而不愿意花费更多额外的精力，而且国外政府对司机的要求一般也仅限于拥有有效驾照、适当驾龄、无不良记录等方面。

典型行业研究 2：在线短租规制

在线短租是旅游业和互联网融合的一种互联网新兴业态，国际上以 2008 年成立的美国 Airbnb 公司为典型代表，我国于 2011 年开始发展，目前已经形成较大规模。与网约车属于高度管制的公共服务业不同，在线短租行业是一个高度市场化的行业，其规制具有一定的代表性。

一、在线短租发展状况

在线短租是通过互联网构建一个双边市场交易平台，将房东和房客集中到平台中，通过降低信息不对称和搜寻成本的不利影响，提高房与房客的匹配效率，平台企业则从中获取中介费用。房屋资源拥有者在网上平台公布自有房源情况，包括房屋状况、位置、价格等，有短期租住需求者通过网上平台选择房屋并与房东交流，最终实现交易。

（一）国内在线短租行业发展情况

2012 年以来，我国在线短租市场在共享经济的带动下，成为发展最快的一个互联网新兴行业。在线短租充分利用互联网技术，鼓励有效利用空余房源，既为房屋提供增值，又为租客提供多种选择。我国在线短租市场始于2011年，目前，从事在线短租业务的企业包括携程、木鸟短租、去哪儿、小猪短租等。2012～2016年，在线短租市场规模从5.5亿元增长至87.8亿元，年均增长99.9%（见图7－1）。

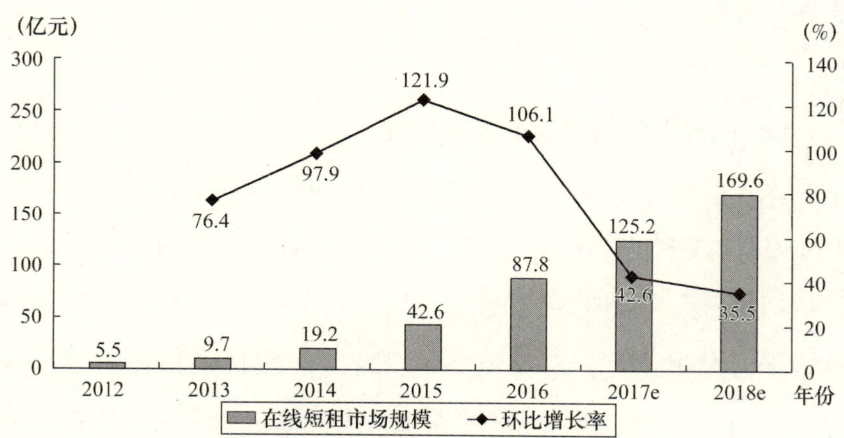

图7－1 中国在线短租市场交易规模及增速

资料来源：艾瑞咨询，中商情报网，《2017年中国在线短租行业研究报告》。

在线短租利用平台的保障机制，降低预订和支付环节可能存在的交易风险，并利用网络建立信用制度。在线短租的盈利来源主要是交易佣金的提成，房屋来源包括职业房东和个人业主。交易中，平台要对房东和房客双方进行身份验证（包括手机号和身份证等），以确保信息真实，实行第三方担保支付。平台通常会建立交易点评制度，包括房客和房东的点评，从而建立网络信用体系。此外，一些平台会为房东和房客提供不同程度的保险。

我国肯定并积极支持在线短租行业发展。2015年8月，国务院办公厅发布《关于进一步促进旅游投资和消费的若干意见》（国办发〔2015〕62号），提出要放宽在线度假租赁、在线旅游租车平台等新业态的准入许可和经营许可制度。2015 年 11 月，国务院办公厅发布《关于加快发展生活性服务业促进消费结构升级的指导意见》（国办发〔2015〕85 号），提出要“积极发展……客栈民宿、短租公寓、长租公寓……农家乐等满足广大人民群众消费需求的细分业态……推动住宿餐饮企业开展电子商务，实现线上线下互动发展……鼓励发展预订平台”。

（二）国外在线短租行业发展情况

国外在线短租行业的典型代表是 Airbnb，其英文全称是 Air Bed and Breakfast，中文被译为“空中食宿”，成立于 2008 年 8 月，总部位于美国加利福尼亚州旧金山市。Airbnb 成立后，推出了客厅、卧室、整栋房子的出租业务，以及城堡、帐篷等一些特别租住需求。截至 2017 年 3 月，Airbnb 经营范围覆盖 191 个国家的 65000 个城市，估值约 310 亿美元，被美国科技博客 Business Insider 评为近 6 年改变世界的 11 家互联网公司之一。

实际上 Airbnb 只是一家房屋中介网站，定位于 C2C（消费者到消费者）。在经营理念和商业模式上，Airbnb 鼓励个人将闲置房间租给临时需求者，在每次交易中根据房屋出租总价向出租人和承租人分别收取部分交易佣金（佣金比例根据交易额向房客收取 6% ~12%，向房东收取 3%）。Airbnb 把社区化和情感化带入产品设计中，创造了信任和社区，建立信任度和个人关系，房屋的屋主和客户在预定前、研究阶段、库存搜索、入住确认、入住前阶段都会进行交流。为了更好地解决用户之间相互信任的问题，Airbnb 在 2011 年开放了社交网络连接功能，允许用户接入他们的 Facebook 账号，从而人们可以看到与房主之间的共同好友是谁，或者哪些人曾经租住了该房子，人们也可以根据屋主的地理位置、性别等参数进行搜索，找出感兴趣的房源。

据美国纽约市旅馆协会（Hotel Association of New York City）发布的一份报告，自 2014 年 9 月起的一年内，在纽约市总过夜住宿人次中，使用 Airbnb 服务的占 7.8%，达 290 万人。

二、在线短租对政府管理带来的挑战

在线短租行业的发展以更便宜的价格为人们提供了出行住宿，在一定程度上还能够刺激旅游业的消费。作为一种新兴业态，在线短租发展中主要存在以下一些问题和挑战。

（一）差异化的个人住所在卫生、安全等方面缺乏统一标准

传统酒店业在卫生、安全等方面都有相应的标准。而个人住所则呈现多样化，从个人别墅到家庭公寓都有可能成为共享经济的一份力量，但是这些房屋本身并不是以运营为目的，所以其卫生、安全等方面并没有统一的严格标准。所以，如何合理确定在线短租行业的市场准入标准是一个首要问题。

（二）房东和房客的人身、财产等存在安全风险，在发生事故的情况下责任尚待明确

在线短租模式下的安全问题包括消防安全、卫生安全、房东和房客的财产安全、房东和房客的人身安全，以及因为房屋租赁导致的社会安全等方面的问题。在消防方面，可能有一些参与在线短租的个人居住空间并没有完善的消防设备。在卫生安全方面，加入平台的房屋

也不像正规酒店一样有严格标准，从而难以保证实际的卫生清洁。财产安全方面，房东和房客的个人财产都有可能因为使用了在线短租平台而导致丢失、被盗、损毁等。人身安全问题也是房东和房客面临的一个关键问题，而且在线短租平台上的房屋并不像正规酒店一样有安保人员，目前有很多报道提到房客被性侵的事件，此外还出现过房客在通过在线短租入住的房屋中意外身亡或者自杀身亡的事件，对于责任如何划分尚待明确。在社会安全方面，因为通过在线短租平台提供的房源缺乏监管，会导致不法分子利用这一平台租住房屋进行非法集会、聚众吸毒等问题。

在线短租行业存在的各种人身伤害、财产损失等责任承担尚待明确。房客的财产遭到盗窃，房东的财产被不道德房客毁损或者带走，可能发生的意外伤害等问题的处理，都是亟待解决的问题。但是，在“互联网+住宿”的条件下涉及房东、房客、平台公司等多方主体，在一定程度上给责任划分带来了困难。

（三）个人隐私更容易遭到泄露

在线短租是共享经济的重要内容，其经营理念之一就是鼓励人们分享自己的私人住所，这就引发了个人隐私的问题。房东的个人隐私可能会因为陌生人的入住而被泄露，而房客的隐私也可能会因为住到了没有严格安全标准的住所而遭到泄露甚至窥探。已经有报道指出女房客发现其租住的公寓安装有摄像头，从而遭到个人隐私泄露。

（四）新模式的出现导致了新的竞争问题和社会问题

一方面，个人房源通过在线短租平台加入房屋租住市场挤占了传统酒店业的市场，给酒店从业者们带来了巨大的威胁。2015 年 10 月底，纽约数百名工会酒店员工在市政厅前集会，抗议部分 Airbnb 屋主非法将房屋改造成家庭式旅馆，影响了传统酒店的生意。另一方面，私人住所的出租通常会给周围的居民带来一定的影响，纽约市居民就对由于 Airbnb 占用库存房屋导致的本地房屋租金大涨提出抗议。

美国纽约市旅馆协会发布的报告显示，Airbnb 为纽约市带来的经济损失高达 21 亿美元，当中包括 2 亿多美元税收，10 多亿美元旅馆餐费、建筑业损失，还导致 2800 份工作损失等，其中本应属于旅馆业的收入（4. 51 亿美元）流向了 Airbnb。代表纽约市逾 270 家旅馆业者的旅馆协会主席 Vijay Dandapani 说，这份研究不仅证实了 Airbnb 对酒店业的直接影响，也说明对整个纽约市经济的“破坏程度”。雅高的 CEO Sebastien Bazin 曾直接抨击 Airbnb：“现在，纽约 40% 的 Airbnb 都在促销，是投资人开发的。开发商将所有的办公室转移到 Airbnb 的区域中，这不是 Airbnb 原本的业务。”他呼吁政府迅速对此进行监管。

（五）新模式中的征税存在困难

在线短租模式中，主要涉及消费者、房东和平台公司三方主体，其中房东是核心服务的提供者，而平台公司只承担中介的角色。但是房东一般不具备企业经营资格，不能为其所提供的服务开具发票。而平台公司虽然具备企业经营资格并能够开具发票，但是其在短租整体交易中所能够开具发票的份额仅仅是其佣金部分，而非全部交易额。这样的困境一方面给政府征税带来了困难，另一方面也影响了在线短租行业的发展（比如，商务出行时通常要求开具住房发票）。

三、国外规制在线短租的政策措施

目前有关在线短租行业的监管政策还比较少，而且监管职责也并非由旅游主管部门履行。以 Airbnb 为例，全欧旅游业协会主席说："Airbnb 实际上做的就是酒店的专业，但是他们经过伪装逃脱了财务规划和安全标准的检验。"有关租赁和转租许可的法律在各国都不尽相同。酒店业不同于出租车业，受到的管制并不多，可以说是一个相当市场化的行业。Airbnb 在美国、欧洲及世界各地虽然没有 Uber 遇到的监管与司法冲撞多，但同样与监管机构摩擦不断，而纽约则是冲突最为激烈的地方。

（一）国外对待在线短租的态度

1. 支持原有法规，对在线短租进行限制或者禁止

在美国，很多城市都对住宅短租进行了限定，即在大多数住宅公寓楼中，如果屋主出租房子的时间少于 30 天，都属非法，除非房客入住期间屋主也在场。这个规定的目的是为了保护房客，保证火灾与安全法规的实行，同时也是为了确保保障性住房的稳定供给。这一点是 Airbnb 在美国一些城市运营所面临的一个主要政策性问题。

2013 年 5 月，纽约的一位行政法官 Clive Morrick 对一名使用 Airbnb 将其房屋进行短租的房东开出了 2400 美元的罚款，根据纽约酒店法的相关规定，房屋所有人出租房屋的时间不得少于 30 天。该法律颁布的最初意图，旨在防止房东使用自己的房产经营非法酒店。之后，纽约州总检察长办公室（attorney general's office）要求 Airbnb 提交住房记录以试图寻找违反法律的房东。2014 年 4 月，Airbnb 被纽约州总

检察长办公室告上法庭，要求该网站公布有多少房东在纽约市出租房间，并指控这些人是在非法经营酒店业。在2014年10月，纽约检察长埃里克·T·施耐德曼（Eric T. Schneiderman）发布了一份报告，其中透露Airbnb在纽约有72%都违反了当地的酒店和房地产法律，还欠了当地330万美元的未缴税款。法院在2015年5月给Airbnb发了传票（Subpoena），要求Airbnb就违反土地法和税法公布纽约用户的交易信息。埃里克的报告还提到在2010年1月1日至2014年6月2日期间，纽约Airbnb有37%的总营业收入是由6%的户主带来的。尽管Airbnb确实发挥了普惠的经济职能，但是不可否认公司有一部分营收源于少部分的、可能是滥用Airbnb平台的高利润的小规模非法经营酒店。2015年7月，曼哈顿特区的议员Helen Rosenthal和Ydanis Rodriguez提出新的法令提案，对使用Airbnb平台将个人公寓作为酒店房间非法出租的房东处以严格的罚款：第一次违法的罚款将从1000美元飙升至10000美元，最高罚款也从25000美元上升至50000美元，而且违法者在缴清罚款前还会被处以额外的每天2000美元的罚款。

在西班牙，巴塞罗那给Airbnb开出了3万欧元的罚款，因为他们违反了当地的旅游法规。新奥尔良、旧金山，还有马里布都对Airbnb是否违反当地法律法规进行了调查。

2. 制定新的管理制度，将在线短租纳入监管范围

在美国，旧金山虽然是Airbnb的起源地和总部所在地，但是Airbnb在旧金山的经营也违反了该市的多项原有法律，包括区域行政法规（planning codes）、税法（tax law）和租金控制（rent control）等。然而，旧金山作为共享经济的重要发源地，在政策监管方面也走在世界前沿。2014年10月，旧金山市长Edwin M. Lee签署了由城市监督委员会（Board of Supervisors）通过的《短期住房租赁条例》（*Short-Term*

Residential Rentals Ordinance），以对房屋共享进行有效管制，在全美率先立法将互联网家庭旅店业纳入管制，并于2015年2月1日正式实施，通过立法给了共享式家庭酒店业合法的发展空间。就在这部法律通过后的几个月内，住房维权人士就表示，此举不足以保护租客和房东，也不足以维护低收入群体的住房需求。2015年初，立法机构提交了两项修正案，希望收紧该法律的规定。一项修正案认为应当对Airbnb的所有房源施加120天甚至60天的出租上限。另一项法案被称为“Airbnb法案”，主要针对Airbnb等房屋租赁网站，要求将短租时间限制在每年75天以内，并规定展示未正式注册的房屋的短租网站将被处以罚款，并且允许屋主的邻居以个人名义起诉非法屋主及网站。该法案在2015年11月3日进行公开投票，Airbnb向其支持者投入了800万美元用于反击支持法案通过的人，法案反对者以55%对45%胜出，阻止了这项意在控制房屋租让生意规模的法规通过。2016年6月，旧金山通过了新的关于互联网租房的立法，新的立法将导致短期租赁网站面临更严格的规范。该立法由监督员戴维·坎波斯（David Campos）提出并得到监督员阿伦·佩斯金（Aaron Peskin）支持，最终以10:0全票通过。这一立法要求短期租赁网站，例如Airbnb、Homeaway，只能允许注册了的居民才能发布房源出租，否则将面临每天高达1000美元的罚款。

在法国，政府通过颁布新的政策法令确认了在线短租的合法地位并对其进行规制。房主有权在一年中将自己的主要居所出租4个月时间，虽然房主需要申报所有的收入来源以完成纳税，但不用像酒店那样缴纳其他税费及社会费用。2013年10月，法国经济分析委员会公开了一份报告要求推动法国房屋租赁政策的改革。2014年3月，法国总统签署了新的住宅法案，简化了短租服务适用的法律框架，澄清无论屋主是否住在法国都可以将房屋出租而无需征得当地政府同意。2015年10月1日，Airbnb开始在巴黎收取旅游税，从而房主将不必自行代收代缴旅游税。这减少了短租过程中的不便，将促使更多巴黎人分享他们的住所。而从租客角度来看，用户通过Airbnb在巴黎租房将需要支付每人每晚0.83欧元的旅游税。此前，Airbnb还在荷兰的阿姆斯特丹，以及美国的旧金山、波特兰、费城、芝加哥、马布里、圣何塞、圣迭戈、华盛顿等多个城市达成税收代收代缴的协议。2015年12月，法国议会通过了一项2016年财政法案修正案，该法案要求Airbnb等在线服务商每年向用户出具一份年收入汇总表，以此来督促在线服务平台的每位用户尽他们应尽的纳税义务。这份由法国政府提出的修正案要求在线服务商们为用户提供“一份可靠的、清楚的、完整的信息，使他们明确自己的法定责任”，尤其是纳税的责任，否则就要处以1万欧元的罚金。此外，尽管每位用户“都清楚地知晓通过在线平台所促成的每笔交易”，但是，修正案强制要求在线服务商“以系统性的方式”向每位用户发送“一份用户通过该在线平台所得的收益汇总表”。每一位Airbnb或Drivy等在线服务平台的用户都有义务向税务机构出示个人所获得的收益数额，这些收益依法需要纳税。这一修正案于2016年7月1日正式实施。修正案明确指出，这一措施的主要目的在于“明确以下两者的界限，即独立工作者的经济活动和属于分享型经济且不产生收益的经济活动”。

在荷兰，2013年6月阿姆斯特丹政府出台政策说明当地居民可以在在线短租平台Airbnb上出租其房屋。2014年2月，阿姆斯特丹在全世界第一个完成对Airbnb的立法，经过监管机构与企业的多次磋商，双方于12月就有关法规实施达成一致意见，从而实现了由管制机构与创新企业协调解决家庭酒店业共享经济的监管问题，该协议于2015年

1月1日生效。

在意大利，由于其良好的人文环境、清晰的产权环境和积极的政策环境，使其成为共享经济极为活跃的一个国家。2016年1月，意大利众议院推出了有关分享经济的立法草案（2016年第3564号文件），主张颁布名为“有关物资与服务分享数字化平台的制度和促进分享经济的规定”的特别法律。与该草案一并提交的《立法说明》反映了意大利立法者对该新经济业态的基本认识：肯定了共享经济在提供增长机遇、就业机会和企业商机等方面的作用。草案中提到由竞争与市场署负责监管分享经济的数字化平台，建立平台的“全国电子登记册”；要求平台公司接受监管机关的审核与批准；设计了有区别的税收激励机制（对于分享平台在10000欧元以下的年营收部分适用10%的所得税优惠税率）；确立了保护客户隐私的具体规则。

（二）具体规制政策

在支持在线短租发展的国家或地区中，美国旧金山、法国、荷兰阿姆斯特丹都制定并通过了专门的法案，而意大利则制定了针对共享经济的整体性立法草案。在将在线短租纳入规制的各国和地区中，具体规制方式如下。

1. 设立专门的经营类别，采取新的准入要求

在经营类别方面，阿姆斯特丹专门建立了“个人闲暇短租”的企业经营类别，允许本地居民将个人房屋在闲暇时间整体短租给外来访客，短租房屋可以是自有住房或经房主同意的租赁房；房屋评估月租金须达到958美元以上（由相关机构根据其区域、房屋质量、环境等评估）才能获得“个人闲暇短租”许可。阿姆斯特丹要求出租房须满足有关消防安全要求，而且短租不得影响社区和邻居，如被投诉，监

管机构可以取消许可。旧金山允许本地永久居民常用住房（年居住时间不少于 275 天）可通过网络平台短租，并规定房主需先从城市规划部门获得短租许可，只有在相关部门注册的居民才能发布房源出租，每年缴纳 25 美元的许可费，保留两年的租赁记录，定期向监管机关报备租赁记录备查。法国的房东可以在不经过政府的同意下出租自有房屋。而意大利则要求平台公司接受监管机关的审核与批准。

2. 完善税收征缴政策，促进行业发展

旧金山市规定在线短租交易缴纳 14% 的酒店税，阿姆斯特丹也确定了 5% 的旅游税，由平台代收代缴，从而解决了税收征缴问题。此外，在波特兰、费城、芝加哥、马布里、圣何塞、圣迭戈、华盛顿等多个城市，在线短租平台（Airbnb）都与当地政府达成税收代收代缴的协议。在法国巴黎，在线短租平台 Airbnb 于 2015 年 10 月 1 日开始收取旅游税，法国政府还要求诸如 Airbnb 等在线服务商每年向用户出具一份年收入汇总表，以此来督促在线服务平台的每位用户尽他们应尽的纳税义务。

3. 提出租住限制和保险要求，适度平衡传统行业利益

为了平衡各方的利益，一些政府对在线短租的租住期限和单次租住人数进行了限制。旧金山规定非共享模式的整房短租（30 天内）全年不超过 90 天（旧金山约 2/3 属于整房短租，而不是房间共享，这是对原有法规的重要突破）。阿姆斯特丹要求在线短租的房屋单批次接待短租访客不得超过 4 人，同一租客不得连续短租 4 天以上，房屋年整屋短租（非共享模式）不得超过 60 天。在保险要求方面，旧金山市强制要求参与在线短租的房屋购买 50 万美元保额房屋责任险。

四、我国对在线短租的规制

由于在线短租行业风险相对较小，涉及利益冲突也小，在我国并没有与政策发生较大冲突。我国政府对于在线短租基本上持欢迎的态度，而且从目前 Airbnb 在中国的经营情况来看，尚未出现像 Uber 一样被政府查封或者禁用的情况。

（一）大部分地区按传统行业进行管理，适应原准入条件和标准

在线短租业在我国现行法律中可归入旅馆业，一些地区依此进行管理。我国对旅馆行业的管理主要是依据《旅馆业治安管理办法》进行，各省份还有自己的实施细则。只要是“经营接待旅客住宿”，就可以算是旅店，应按《旅馆业治安管理办法》进行管理。各省份对该管理办法进行了细化，如《四川省旅馆业治安管理办法》将旅店定义为“按日或者小时计价收费向社会公众提供住宿服务的合法经营场所”，《北京市旅馆业治安管理规定》将旅店定义为“提供住宿休息服务的经营场所”，《上海市旅馆业治安管理实施细则》将旅馆定义为“专门住宿设施，主要以日为计费单位，提供住宿服务的经营场所”。各省份的规定大同小异，而对于 Airbnb 类网站及其房东来说，所提供的服务无疑属于旅馆性质，需要遵守上述有关法规。被划归为旅馆，就意味着 Airbnb 及其房东需要遵守一系列对于旅馆的管理规范，包括但不限于工商、消防、公安、税务、食品安全。

另外，在线短租是一种经营行为，除需获得各行政部门的批准外，还需要获得房屋建筑内其他楼层住户的同意。根据《物权法》第七十七条及《关于审理建筑物区分所有权纠纷案件具体应用法律问题的解

释》第十一条的规定，想要将原本是民宅的房屋用于经营，那么就需要获得该建筑单元内每一位业主的同意，否则就不能经营。未办理合格手续的旅馆一旦被查处，经营者（房东）需面临行政拘留、取缔经营、追缴收入的风险，并可能会伴随有罚款。而房东在 Airbnb 类网站发布房源的行为，也很可能被认定为在网络平台发布广告。

（二）部分地区确认为新业态并予以支持，根据新业态特点适当放宽准入条件

我国也有少部分地区为支持在线短租行业发展，根据行业特点设立新的类别，并适当放宽准入要求。如福建明确支持民宿发展，并提出要简化审批手续。2016 年 8 月，福建省新修订的《福建省旅游条例》积极鼓励和支持民宿业发展，首次明确了“民宿”的法律地位，规定在乡村和旅游景区、风景名胜区等特定区域，居民可以利用自有住宅或租赁他人住宅，结合当地人文、自然景观、生态环境资源及农林牧副渔生产活动，开办民宿，为旅游者提供住宿、餐饮等服务。民宿的建筑、设施设备和经营服务应当具备必要的治安、消防和卫生等方面的安全条件，有关部门应当简化手续，提高办事效率，支持和促进民宿业发展，具体办法由省人民政府制定。

浙江省也明确了民宿的概念，提出了相关准入标准，为防范风险对其经营规模进行了限制。2016 年 12 月，浙江省颁发了《关于确定民宿范围和条件的指导意见》，提出民宿是利用城乡居民自有住宅、集体用房或其他配套用房，结合当地人文、自然景观、生态、环境资源及农林牧渔生产活动，为旅游者休闲度假、体验当地风俗文化提供住宿、餐饮等服务的处所。民宿的经营规模，单栋房屋客房数不超过 15 间，建筑层数不超过 4 层，且总建筑面积不超过 800

平方米。并从建筑设施、消防安全、经营管理等方面对民宿条件作了规定。

五、对在线短租规制的建议

总结国外在线短租规制经验，除了保护消费者外，还要协调利益相关者，维护市场的公平竞争，考虑共享边界、外部性控制、利益平衡等问题。在共享边界方面，各地监管法规对共享与非共享进行了明确，对共享模式不设限制，对非共享模式出租则进行限制，但给予合理的例外（如阿姆斯特丹允许每年60天非共享出租）。在外部性控制方面，监管政策应当尽量减少负外部性，如对于消防安全要求、房屋接待旅客数量限制等都是为了减少个人房屋短租对于小区环境的影响。在利益平衡方面，监管政策需要充分考虑各方利益的协调，如对家庭酒店业管制须考虑本地房屋租赁市场与在线短租市场的平衡、出租人与房屋业主的利益平衡、出租人与小区住户的利益平衡、酒店业与在线短租业竞争环境的平衡等多方面。

借鉴国外规制经验，对我国在线短租规制建议如下。

（一）根据在线短租行业特点制定新的监管法规，适应行业发展需求

新兴的在线短租行业与传统的旅馆业存在较大差异，依据原有的管理法规难以适应行业的新特点，被动应付导致的政策模糊也给行业发展带来了风险。有必要针对新兴业态的特点，制定符合其发展需求的管理规范。一是接纳并支持在线短租行业，将新兴业态纳入监管范围。通过出台法规明确新兴业态的内涵和准入要求，既有利于规范行

业发展，又有利于降低行业发展风险，促进行业创新发展。如要求所有参与在线短租的房屋必须在当地相关部门进行登记和备案，并允许在线办理相关业务，但是不对参与的房屋进行硬性条件要求。实行备案制度便于与税收结合，也为潜在的风险提供线索。二是根据行业新特点，适应新的监管要求。根据在线短租的特点和可能存在市场失灵的地方，调整原有监管要求，增加新的监管规定。

（二）对于非标准住宿建立服务标准，促进行业可持续发展

与传统酒店业统一的标准住宿相比，在线短租的房源类型各式各样，这既有其优点——可为顾客提供多种选择，同时也存在不足——可能会因非标准产品而难以符合顾客需求。为保持优点的同时尽量减少不确定性，可以在服务上建立标准，如住宿流程、服务规定、安全措施、保险要求等，使得非标准住宿的服务有标准可依，这也有利于行业持续发展。

（三）探索“核定征税”和发票代开在在线短租行业的运用

“核定征税”是指由税务机关根据纳税人的情况，在正常生产经营条件下，对其应税产品进行核实，并依照相关法律规定征税。“核定征税”在在线短租领域的应用主要是指针对平台企业的服务进行核定征税，因为平台企业在该商业模式中只是扮演中介的角色，房东才是核心的服务提供者，虽然在交易过程中交易额会进入平台的账户中，但是平台仅起到临时保管作用，在交易完成后会将交易额打入房东账户中。在整个交易过程中，能够对在线平台进行征税的范围只是其从交易额中抽取的佣金。“发票代开”是指，由于在“互联网＋住宿”的商业模式中，多数房东不具备开具发票的资质，从而可以由平

台企业代开发票，同时代缴税金。

发票代开和核定征税制度的结合对于在线短租行业的发展有极大帮助。一方面，随着在线短租行业的不断发展，其不但在普通游客中受到欢迎，还得到商务出行的青睐，商务差旅通常需要开具全额发票才能通过公司财务的报销审核，但是当前行业发展中没有哪一方能够为商务差旅开具全额发票，从而限制了行业的发展，而发票代开制度可以有效解决这一问题。另一方面，发票代开和核定征税制度的实行可以在现有条件下，提高企业纳税的积极性，增加政府税收，同时便于政府了解行业发展的基本情况。

（四）推动实名制和社会信用体系的建设

信息不对称所导致的各种隐患是制约在线短租行业发展的一个重要因素，通过推动实名制和社会信用体系的建设可以有效解决这一问题。首先，实名制的推行，可以实现对交易各方的有效追踪，提高了隐患发生后的追溯力度。同时，完善的社会信用体系的建设使得交易双方在商榷阶段即可对对方形成预判，进而决定是否执行交易；而且，在交易过程中，交易双方在考虑本人社会信用评估的情况下，也会尽量以更好地表现完成交易。应打通各信用体系机构的信息壁垒，融合银行信用体系、公安信息系统、第三方个人信用评级机构（如芝麻信用分）等建立综合的信用体系，提高个人信用体系的完整度，让个人信用有更高更全面的可信度。

（五）推动建立商业保险产品，降低安全事故风险

在在线短租模式中，房东和消费者都属于弱势方，而平台企业虽然相对强势但也能力有限，能够有效解决该商业模式中的各种风险责

任划分的最佳途径是完善的保险体系。因此，保险公司和保险产品可在该行业发展中发挥重要作用。政府需要作出强制规定，规定租赁交易的达成必须以至少一方提供基本的财产保险和人身安全险为前提。根据不同的经营模式，保险可以由平台公司提供，或者由房东或者房客自行购买，但是需要在平台上得到认证。具体的保险种类和保险级别产品的设定可以由平台公司与保险公司处理，但是在必要的情况下可以由相关政府部门出面推动相关产品的设立。

参考文献

[1] Judd Cramer, Alan B. Krueger, 2016, "DISRUPTIVE CHANGE IN THE TAXI BUSINESS: THE CASE OF UBER", NBER (NATIONAL BUREAU OF ECONOMIC RESEARCH) WORKING PAPER SERIES, Working Paper 22083, http://www.nber.org/papers/w22083.

[2] Scott Wallsten, 2015, "The Competitive Effects of the Sharing Economy: How is Uber Changing Taxis?", www.techpolicyinstitute.org.

[3] Barnes, S. J., Mattsson,: J., 2016, "Understanding current and future issues in collaborative consumption: A four-stage Delphi study", Technological Forecasting and Social Change, PP200 ~211.

[4] Caulfield, B., 2010, The Startup Nest Door, Forbes, 186 (10), PP42.

[5] Felson, M., Spaeth,: J. L., 1978, "Community Structure and Collaborative Consumption: A Routine Activity Approach", American Behavioral Scientist, 21 (4), PP614 ~624.

[6] Geradin, D., 2015, "Uber and the Rule of Law: Should Spontaneous Liberalization Be Applauded or Criticized?", Competition Policy International, George Mason Law & Economics Research Paper No. 15-53. Available at SSRN: https://ssrn.com/abstract=2693683.

[7] Harding, S. P., Kandlikar,: M., Gulati,: S., 2016, "Taxi apps, regulation, and the market for taxi journeys", Transportation Research Part A-policy and Practice, PP15 ~25.

[8] Hartl, B., Hofmann,: E., Kirchler,: E., 2016, "Do we need rules for "what's mine is yours"? Governance in collaborative consumption communities", Journal of Business Research, 69 (8), PP 2756 ~2763.

[9] Leeuw, de T., Gossling,: T., 2016, "Theorizing change revisited: An amended process model of institutional innovations and changes in institutional fields", Journal of Cleaner Production, 135, PP435 ~448.

[10] Martin, C. J., 2016, "The sharing economy: A pathway to sustainability or a nightmarish form of neoliberal capitalism?", Ecological Economics, 121 (121), PP149 ~159.

[11] Martin, C. J., Upham,: P. and Budd, L., 2015, "Commercial orientation in grassroots social innovation: Insights from the sharing economy", Ecological Economics, 118, PP240 ~251.

[12] Mcneill, D. , 2016, "Governing a city of unicorns: technology capital and the urban politics of San Francisco", Urban Geography, 37 (4), PP494 ~513.

[13] Ndubisi, N. O. , Ehret, M. , & Wirtz, J. , 2016, "Relational Governance Mechanisms and Uncertainties in Nonownership Services", Psychology & Marketing, 33 (4), PP 250 ~266.

[14] Posen, H. A. , 2015, "Ridesharing in the sharing economy: Should regulators impose über regulations on uber?" Iowa Law Review, 101 (1), PP405 ~433.

[15] Pfeffergillet, A. , 2016, "When 'Disruption' Collides with Accountability: Holding Ridesharing Companies Liable for Acts of Their Drivers", California Law Review, : 104 (1) .

[16] Weber, T. A. , 2014, "Intermediation in a Sharing Economy: Insurance, Moral Hazard, and Rent Extraction", Journal of Management Information Systems, 31 (3), PP35 ~71.

[17] Parcu Pier Luigi, Stasi Maria Luisa, 2014, "The Internet: A black hole releasing new stars", Business models and regulation, : 20th ITS Biennial Conference.

[18] Molly Cohen, Arun Sundararajan, 2015, "Self-Regulation and Innovation in the Peer-to-Peer Sharing Economy", The University of Chicago Law Review Dialogue, 82 (116), PP116 ~133.

[19] Colorado General Assembly, SB14 - 125 - Transportation Network Companies Regulation, http: //www. leg. state. co. us/clics/clics2014a/csl. nsf/fsbillcont3/70364091166B28FC87257C4300636F6B? Open&file = 125_ enr. pdf.

[20] Rev. 10/13, Basic Information For Transportation Network Companies And Applicants. State of California Public Utilities Commission.

[21] http: //www. cpuc. ca. gov.

[22] Council of the District of Columbia, Committee on Transportation and the Environment, the "Vehicle-For-Hire Innovation Amendment Act of 2014", Bill 20 ~753.

[23] D. C. Council Votes to Keep App-Based Car Services in the District, http: //www. nbcwashington. com/news/local/DC-Taxis-to-Protest-Councils-Planned-Uber-Vote-280640202. html.

[24] Boston Shuts Down Uber Because Massachusetts Doesn't Approve Of The GPS, https: //www. techdirt. com/articles/20120814/14441720049/boston-shuts-down-uber-because-massachusetts- doesnt-approve-gps. shtml.

[25] State Backtracks Decision to Put the Brakes on Uber Boston, Rules GPS Services OK For Now, http: //bostinno. streetwise. co/2012/08/15/state-backtracks-decision-to-put-the-brakes-on-uber-boston-rules-gps-services-ok-for-now-letter/.

[26] Lazo. , "Uber and Lyft are now legal in Virginia", https: //www. washingtonpost. com/news/dr-gridlock/wp/2015/02/18/uber-and-lyft-are-now-legal-in-virginia/.

[27] Lobosco K. , "Uber? It's not in Kansas anymore", 2015 - 05 - 05, http: //money. cnn. com/2015/05/05/technology/kansas-uber/index. html

[28] Kim E T. , "Philadelphia tries to put the brakes on Uber", http: //america. aljazeera. com/articles/2015/9/2/philadelphia-sues-uber. html.

[29] Au revoir, "Uber: Controversial taxi service to be banned in France from the start of 2015", http: //www. dailymail. co. uk/news/article - 2874263/Paris-taxis-block-highway-urge-ban-Uber. html.

[30] Reuters. "French court sets rules for alternative taxis such as Uber", 2015 - 05 - 22, http: //finance. yahoo. com/news/french-court-upholds-ban-unlicensed - 085938889. html.

[31] James O' Toole. Airbnb faces off with New York over housing rentals, http://money. cnn. com/2014/04/22/technology/enterprise/airbnb-new-york/index. html.

[32] Airbnb and New York attorney general go to court over users' information, http://www. theguardian. com/world/2014/apr/21/airbnb-new-york-attorney-general-court.

[33] Brookings Institution, 2016, The Current and Future State of the Sharing Economy, Brookings.

[34] Kerr, D., "San Francisco tightens 'Airbnb law' with new amendment", 2015-07-14, http://www. cnet. com/news/san-francisco-board-of-supervisors-vote-on-airbnb/.

[35] BBC News, "'AirBnB law' defeated at polls", 2015-11-04, http://www. bbc. com/news/technology-34720958.

[36] Tags Aaron Peskin, David Campos, 2016, "Supes tighten rules on Airbnb hosts", Bay City News, https://sfbay. ca/2016/06/08/supes-tighten-rules-on-airbnb-hosts/.

[37] Emily Green, 2016, "After Airbnb Hosts Ignore New Law, San Francisco Sets Consequences", http://www. governing. com/topics/mgmt/tns-airbnb-san-francisco. html.

[38] Madec, P., Sterdyniak,: H., 2013, "Rental housing: the CAE wants to change the ALUR", http://www. ofce. sciences-po. fr/blog/rental-housing-cae-alur/.

[39] Robinson, P., 2014, "A major step forward in Paris and France — Une avancée majeure en France", http://publicpolicy. airbnb. com/major-step-forward-paris-france/.

[40] Farooqui, A., 2015, "Airbnb Will Start Collecting Tourist Tax In Paris", http://www. ubergizmo. com/2015/08/airbnb-will-start-collecting-tourist-tax-in-paris/.

[41] David Hantman, Good news from Amsterdam, http://publicpolicy. airbnb. com/good-news-from-amsterdam/.

[42] DutchNews. nl, 2014, "Amsterdammers can rent their homes to tourists via Airbnb after all", http://www. dutchnews. nl/news/archives/2014/01/amsterdammers_ can_ rent_ their_ h/.

[43] Airbnb, 2015, "Amsterdam and Airbnb sign agreement on home sharing and tourist tax".

[44] Spanish judge imposes temporary ban on Uber taxi service., http://edition. cnn. com/2014/12/09/world/europe/spain-uber-court-ban/index. html.

[45] CPUC, "CPUC Establishes Rules For Transportation Network Companies", PRESS RELEASE docket #: R. 12-12-011.

[46] HVS NewYork, 2015, "Airbnb and Impacts on the New York City Lodging Market and Economy".

[47] The city of NewYork environmental control board, Decision and order for NOV 035006622.

[48] Donna Tam, "NY official: Airbnb stay illegal; host fined $2, 400", 2013. 5. 20, http://www. cnet. com/news/ny-official-airbnb-stay-illegal-host-fined-2400/.

[49] New York Daily News, "NYC Council to propose tough penalties for landlords who use sites like Airbnb, in effort to keep affordable housing", 2015-07-10, http://www. nydailynews. com/new-york/steep-penalties-coming-nyc-landlords-airbnb-article-1. 2252541.

[50] City Council Bill Takes Aim At Illegal Airbnb Rentals. 2015-07-10, http://newyork. cbslocal. com/2015/06/10/city-council-airbnb-bill/.

[51] Into thin air. http://www. sfbg. com/2013/08/06/thin-air.

[52] Mayor Lee Signs Legislation to Regulate Short-Term Residential Rentals In San Francisco, http://sfmayor. org/index. aspx? recordid=691&page=846.

[53] 马骏，马源．互联网企业合并频发的原因、影响与对策．国务院发展研究中心调查研究报告第 152 号，2016

[54] 沈伯平．管制、规制与监管：一个文献综述．改革，2005（5）

[55] 茅铭晨．政府管制理论研究综述．管理世界，2007（2）

[56] 唐清利．“专车”类共享经济的规制路径．中国法学，2015（4）

[57] 荣朝和．出租车新业态的监管挑战．财新网，2016 - 1 - 12

[58] 余斌，石耀东．当“互联网 +”邂逅发展动能转换．人民日报，2016 - 4 - 8

[59] 江小涓．高度联通社会中的资源重组与服务业增长．经济研究，2017（3）

[60] 滴滴出行．2015 ~ 2016 年移动出行就业促进报告，2016

[61] 王静．中国网约车的规制困境及解决．行政法学研究，2016（2）

[62] 王萌萌．“互联网 +”背景下新兴业态的市场规制问题研究．安徽行政学院学报，2016（3）

[63] 郭锋，吴韬，黄震等．我国互联网金融发展情况、立法规制与司法应对的调研报告．证券法律评论，2014

[64] 张效羽．互联网租约车规章立法中若干法律问题分析．行政法学研究，2016（2）

[65] 周猛．P2P 网贷企业风险控制问题研究．浙江大学硕士学位论文，2016

[66] 岳琳，唐素琴．云计算相关市场与市场支配地位的认定及挑战．电子知识产权，2013（6）

[67] 贾珂．互联网产业相关市场界定及市场支配地位认定法律问题研究．北京邮电大学硕士学位论文，2015

[68] 董新蕊，朱谨．新形势下互联网知识产权保护面临的主要问题及其思考．中国发明与专利，2015（6）

[69] 宋阔，杨智博．电子商务中的知识产权保护——基于政府行政管理视角．法制与经济，2016（4）

[70] 刘雅辉，张铁赢，靳小龙，程学旗．大数据时代的个人隐私保护．计算机研究与发展，2015（1）

[71] 郑春梅，贾珊珊．国内外校园贷平台比较及规制分析．财经界（学术版），2016（17）

[72] 吴韬，尹力沉．互联网不正当竞争对立法的挑战及其应对．中国市场监管研究，2015（4）

[73] 陈东进．互联网专车时代政府管制的范式变迁．浙江社会科学，2016（6）

[74] 陈越峰．“互联网 +”的规制结构——以“网约车”规制为例．法学家，2017（1）

[75] 孙麒翔．监管出台 共享汽车风往哪儿吹．北京商报，2017 - 6 - 2

[76] 周丽霞．规范国内打车软件市场的思考——基于美国对 Uber 商业模式监管实践经验借鉴．价格理论与实践，2015（7）

[77] 张男．Uber 监管之路向何方．互联网经济，2015（5）

[78] 施钰涵．Uber 征战全球它将如何拿下中国？．商业周刊中文版，2015 - 11 - 18

[79] 温玉顺．“优步”打车遭到多国抵制．北京晚报，2015 - 2 - 17

[80] 晨曦．新加坡监管 Uber：收费不得超过当地打的价．http：//tech. qq. com/a/20141122/024298. htm

[81] 李立娟．优步拼车服务在德国全境遭禁．法制日报，2014 - 9 - 9

[82] 李玮．荷兰检察部门对 Uber 启动刑事犯罪调查．http：//tech. qq. com/a/20150418/027909. htm

[83] 王龙云．优步在首尔暂停 UberX 叫车服务．经济参考报，2015 - 3 - 9

[84] 王欢．美国打车软件 Uber 在日本国内试验被日本政府叫停．http：//tech. huanqiu. com/original/2015 - 03/5815338. html

[85] 王军．美国如何管理网络约租车．http：//opinion. caixin. com/2015 - 07 - 15/100829095_ all. html

[86] 交通运输部．关于深化改革进一步推进出租汽车行业健康发展的指导意见（征求意见稿）．http：//www. moc. gov. cn/zhuzhan/wangshangzhibo/2015zhuanti6/zhibozhaiyao/201510/t20151010 _ 1886310. html

[87] 交通运输部．《出租汽车驾驶员从业资格管理规定》和《巡游出租汽车经营服务管理规定》解读．http：//www. moc. gov. cn/jiaotongyaowen/201609/t20160909_ 2085428. html

[88] 交通运输部．开网约车须考试 将适时调整出租车份子钱．http：//www. china. com. cn/guoqing/2016 -09/10/content_ 39273343. htm

[89] 佚名．义乌"的改"敢对 Uber 说 OK. 领导决策信息，2015（20）

[90] 范江．Airbnb 是如何再度火起来的．商周刊，2015（18）

[91] 曾西瓜．全球最高端的酒店品牌都玩命并购，他们要联手伏击 Airbnb. 虎嗅网，2015 -12 -12

[92] 顾秋实．Airbnb 因不明原因封禁一"超级房东"帐号．搜狐科技，2015 -8 -27

[93] 子萌．Airbnb 暗藏种族歧视：黑人租客租房成功率低 16%．网易科技，2015 -12 -12

[94] Airbnb 租户歧视：亚裔租户比白人租户少收入 20%．http：//www. chinesetoday. com/zh/article/1059220

[95] 客人被性侵 Airbnb 能做的也只有报警．http：//tech. 163. com/15/0817/10/ B17B2SO3000915BF. html

[96] 李路．顾客在 Airbnb 出租屋意外身亡．http：//tech. qq. com/a/20151110/024618. htm

[97] 金青戈．住 Airbnb 时不幸身亡，该怪谁？．http：//cn. technode. com/post/2015 -11 -11/airbnb -zak -stone/

[98] Airbnb 房东吐槽史上最差房客．http：//tech. 163. com/15/1128/15/B9H5BC08000915BF. html

[99] 昷凡．公寓暗藏摄像头短租网站 Airbnb 被女住户告上法庭．凤凰科技，2015 -12 -17

[100] 吴佳蔚．打起民宿、短租的擦边球沙发客 Airbnb 上订房遭贼维权难．浙江在线，2015 -11 -26

[101] 西西里闷牛．不光是 Uber，Airbnb"共享酒店"也在与监管"斗法"．钛媒体，2015 -5 -5

[102] 石剑．Airbnb 业务再引违法争议．动点科技，2014 -5 -4

[103] Spencer Wang. Airbnb："共享经济"英雄还是非法酒店？．海众投资，2015 -9 -3

[104] 书聿．显微镜下的分享经济：美立法者重新审视 Airbnb. 新浪科技，2015 -7 -13

[105] ZOE 编译．旧金山"Airbnb 法案"限制短租行业发展．环球旅讯，2015 -10 -26

[106] Natasha Lomas 著．维金译．Airbnb 宣布将在巴黎代收旅游税．http：//techcrunch. cn/2015/08/26/airbnb -daccord/

[107] 周楠．Airbnb 等分享型经济服务商开启收税时代．中国网，2015 -12 -14

[108] 被指房源非法 Airbnb 在纽约遭遇监管困境．http：//www. kekenet. com/read/201410/336836. shtml

[109] 史宇航．非法经营阴影下的 Airbnb 类网站，在中国的法律风险有哪些？．虎嗅网，2015 -8 -21

[110] 艾瑞咨询．2017 年中国在线短租行业研究报告．中商情报网，2017

[111] 阿里研究院．数字经济 2.0，2017